衝撃から理解へ

イスラームとの接点をさぐる

谷口 雅宣

生長の家

はしがき

本書のタイトルである「衝撃から理解へ」は、二〇〇一年九月十一日以降、イスラームという宗教を見すえて私がたどってきた道程を表現している。平和を謳歌する手段であるはずの大型旅客機が兵器として使われ、大勢の人命が失われたことで、「核超大国」と呼ばれた〝無敵〟のアメリカが震え上がった。その攻撃が、宗教の名の下に行われたという事実は、私にとって「衝撃」以外の何ものでもなかった。この時、「宗教は平和のためにある」という私の信念が、大きな力で揺り動かされたのである。

その時の事件の印象を、私は当時のブログで次のように書いている――

複雑な現実社会を生きる人々の多くは、単純で分かりやすい原理や回答を求める。それを与えてきた宗教は、時に信者を獲得し、教勢を拡大して一大政治勢力となることもある。しかし、そのことによって現実社会が単純で分かりやすくなるわけではない。にもかかわらず、宗教が現実社会を支配しようとすると、それを単純な「白」か「黒」の色で塗り潰さねばならない。そうでなければ、教義が現実を説明できなくなるからだ。こうして無理矢理な現実解釈が生まれ、それを支持するための情報の操作や捏造が、最初は無意識に、次には意識的に行われるようになる。そして、こうして作り上げられた〝宗教的世界観〟自体が盲目的な信仰の対象になってくると、神仏の名において破壊や暴力が行われる土壌が生まれるのだろう。

だから、宗教が破壊や暴力を行うように見えるときは、それは神や仏に原因があるのではなく、複雑さを理解しえない（あるいは理解しようとしない）、人間の側の欠陥や怠慢が原因なのだ。このような破壊や暴力に対しては、したがって同じ人間の欠陥や怠慢をもってしてはならない。すなわち、白と黒で塗り潰された単純な世界観を提示し、その中で「邪」とされた対象を手段を選ばず破壊し抹殺するのでは、暴力が暴力を生むことになる。

（『小閑雑感 Part 2』、九八～一〇〇頁）

この印象の一部は正しかったことが、今はわかる。が、当時は五里霧中で書いたため、抽象的で説得力がないことも確かだ。これ以降、「宗教はなぜ戦いを起こすか？」の問いに答えることが、私の自分自身への至上命令となった。二〇〇三年夏に上梓した拙著『信仰による平和の道』（生長の家刊）は、その努力の端緒である。が、十分であるはずはなく、次には自分の信仰の基盤を見直す苦しい作業が必要となった。宗教団体である生長の家の過去も、戦争とは無縁でなかったからである。この作業は、同信の多くの協力者を得てゆっくりと進行した。その結果の一部が、『歴史から何を学ぶか――平成十五年度 生長の家教修会の記録』（二〇〇四年、生長の家刊）と『平和の先人たち――平成十六年度 生長の家教修会の記録』（二〇〇五年、同）という二冊の本となった。

この間、イスラームに関連するテロや暴力事件の報道は増えこそすれ、減ることはなかった。こうなると、この世界第二の宗教には、暴力を引き起こす何か特殊な内的要因が存在しているのではないかとの疑いが芽生えてくる。この疑いは、二〇〇五年三月、宗教の歴史や宗教学を研究する人々が世界中から集まって開かれた「第十九回国際宗教学宗教史会議世界大会」（ＩＡＨＲ２００５）の席上で、目に見える形で表明された。幸い、生長の家もここで発表する場を与えられたため、私はその会場にいたのである。そして、この機会にイスラームのことをもっとよく知ろうと思い、「戦争と平和をめぐるイスラームの視点」というセッションに参加した。

そこでの発表者はイラン、ブルネイ、マレーシアから来た人たちだった。ここでのやりとりは本書中にも紹介されているから、詳しくはそれを参照してほしい。私がここで言いたいのは、この時に三人の発表者の話を聞いて分からなかったことが、三年後の今は、ある程度理解できるということである。この「理解」の内容が、本書の第二部で語られる。これに対し第一部には、9・11以降も続いているイスラームをめぐる暴力事件の「衝撃」が具体的に表現されている。「衝撃」で始まった探究が、ある程度の「理解」に達したという意味で、本書のタイトルを「衝撃から理解へ」とした。この理解はまだ途上にあるが、歴史的にイスラームとの関係が弱かった日本に住む一般の読者には、本書は多少なりとも有意義な視点を提供できると思う。

要するに、二〇〇五年の夏以降の三年間に、私がイスラームについて書いた論考をまとめたのが、本書である。これらの論考のほとんどは、最初は私のブログ「小閑雑感」に発表したものだ。だから、ブログを経年的にまとめた単行本シリーズ『小閑雑感』(世界聖典普及協会刊)にも、本書を構成するほとんどの文章が含まれている。しかし、単行本の『小閑雑感』には他のテーマで書いた文章も多くあるから、イスラームに関するものだけを拾い読みする煩雑さは、理解を妨げる。そんなわけで、現時点での私の〝イスラーム観〟を一冊にまとめたものである。

ここで誤解がないように言っておきたいことは、私はどんな意味でもイスラームの専門家ではないということだ。イスラームは尊敬すべき伝統をもった世界宗教であり、長く複雑な歴史があり、今日までに多種多様な宗派や優れた哲学・思想、芸術を生み出してきた。そのすべてを知って本にまとめるなどということは、私の能力を超えており、本書の意図では毛頭ない。日本のイスラーム研究には優れた学者や研究家が数多くいて、そういう人々によって、イスラーム世界からも一目置かれるような深く、また幅広い研究がすでに世に出ている。私はただ、日本では暴力的側面ばかりが報道されるこの宗教が、本当に尊敬に値するものであるかどうかを知ろうとして、それら先人が残した研究の一部をここ数年、限られた時間内に読み継いできただけである。

そんな〝素人〟に何が言えるかと疑う読者がいるかもしれない。が、その一方で、私は宗教の素人でもない。宗教学者ではないが、生長の家という宗教の教えを伝える立場にある伝道者である。この教えの中に「万教帰一」という言葉がある。これは、すべての正しい宗教の神髄は共通しているという考え方で、古くはヒンズー教の伝統の中にあり、近くはキリスト教内部で生まれた「宗教多元主義」(religious pluralism)と共通しており、さらには現代インドネシアのイスラームの一部にもある。宗教学は、どちらかというと各宗教の特徴や違いを強調しがちであり、観念的になりやすい。だが、信仰者の立場からの他宗教との「共通点の認識」は、現実世界に直接的に影響する。現に、この逆である他宗教との「相違点の認識」が9・11以降の世界情勢を動かしている重大要素と言えるだろう。つまり、信仰者が他宗教との〝違い〟を見つめることは、宗教間に争いを生む原因となるのである。〝共通点〟を見出し、それを認め合うことによってのみ宗教間の共存が可能となる、と私は考える。そういう観点から見れば、現代の日本で始まった宗教運動が、長い伝統をもつ世界宗教と共通点を見出そうとする努力は、大いに意味があると思うのである。

本書を世に問うことができるようになった背景には、いくつもの〝出逢い〟があった。その中で特筆すべきは、エジプト人のイスラーム法学者、カリード・アブ・エルファドル博士との出逢いだろう。エルファドル博士との縁は、私が二〇〇六年の一月、ニューヨークの書店で博士の著書をふと手に取ったことから始まった。その書が『*The Great Theft: Wrestling Islam from the Extremists*』である。当時私は、イスラームについてきちんと学ぶ必要を感じていたが、日本では日本人以外のイスラーム専門家の著作に出会う機会は少ない。かといって、現代のイスラームに関する英語の文献について、私は知識がなかった。そこで、日本に比べてイスラーム人口も多いアメリカに行った際、大手書店の宗教書の棚を探していたのである。そこで目についたのが『*The Great Theft*』というハードカバーの新刊書だった。著者がアメリカ人でなかったことが、私の興味をそそった。さらに、その著者がアメリカでは一流の大学でイスラーム法を教えているという説明が、内容の確かさを示していた。加えて、サブタイトルの「*Wrestling Islam from the Extremists*」（過激派からイスラームを守る格闘）が、私の信念を代弁しているように思われた。つまり、世界で二番目に多い信者数を抱え、長い伝統をもつイスラームのような宗教が、過激派ばかりを生み出しているわけではないということを、この副題は有力に示していたのである。

この本を読んだことが、著者のエルファドル博士を生長の家の行事の主要講演者として招くことにつながった。それは二〇〇七年の八月で、同博士は健康状態が好ましくないにもかかわらず、ニューヨーク市郊外で行われた「世界平和のための生長の家国際教修会」に、故郷であるエジプトでの休暇を短縮して来てくださった。そして、約二時間の講演とそれに続く質疑応答もこなされた。同博士には「日本で始まった新しい宗教」であったはずの我々に、博士がこれほどの好意を示してくれたことに感動し、私は感謝の思いを深くしたのだった。そして、『*The Great Theft*』はこの出会いを端緒として、一年後の今年七月、日本教文社から翻訳出版された。邦題は『イスラームへの誤解を超えて——世界の平和と融和のために』（米谷敬一訳）であり、本書でもそこから多く引用させていただいている。

ところが、これによって小さな問題が起こった。それは、本書での同書からの引用に、原書の拙訳と翻訳書からの引用が併存することになったことだ。どちらか一方にすべきだったかもしれないが、ブログの文章やそれをまとめた単行本の『小閑雑感』シリーズとの関係などから、併存を容認した。ただし、どちらからの引用かを明らかにするために、註だけでなく、本文中にも原書と翻訳書の別を明記した。『*The Great Theft*』という英語のタイトルが表示されている箇所は原書からの引用を拙訳したものであり、『イスラームへの誤解を超えて』という邦訳のタイトルが示されている部分は、そこからの引用である。引用文についてさらに言えば、イスラーム最大の教典である『コーラン』の和文テキストは、井筒俊彦氏訳の岩波文庫版によることを原則とした。出典が明示されていないものは、すべて井筒氏の翻訳である。

最後に、エルファドル教授との実際の出合いの橋渡しをしてくださった勅使川原淑子、雪島達文の両氏、ＩＡＨＲ２００５への参加機会を与えてくださった東京大学の島薗進教授、本書の編集・出版に尽力くださった生長の家出版・広報部の皆さん、そして、私のブログを応援してくださる読者諸賢に、この場を借りて心から御礼申し上げます。

二〇〇八年一〇月一六日

著者記す

衝撃から理解へ

イスラームとの接点をさぐる

◆目次

第一部　イスラームの衝撃……13

1　ロンドンのテロ……14

原理主義者の聖典解釈…19／テロの動機とは？…22／新タイプのテロリスト…25／英政府の報告書…29

2　信仰と風刺……33

メディアの責任…37／宗教の政治への利用…40

3　イスラームにヴァチカンはない……44

4　イスラームはどうなっている？……49

ワッハーブ主義とは…53／聖典のつまみ食い…56／オサマ・ビンラディンの世界観…59／メディアの影響力…63／民主主義は偶像崇拝…66

5　イスラームを悪魔化してはならない……70

6　映画『ユナイテッド93』……75

7　ローマ法王の失言……79

発言の経緯…82／発言の主意…85

8 聖者の生首……89
〝触らぬ神〟ではいけない…92
9 気がかりなブッシュ演説……95
10 ブレア首相の論文を読む……99
11 「テロとの戦争」をやめよう……106
12 核の自爆攻撃をどう防ぐ?……110
第二部 イスラームへの理解……121
1 スーフィズムについて……122
実践から思想へ…125/スーフィズムの発展…129/ワッハーブ派の弾圧…132/教団組織の成立…135/形か内容か?…139
2 イスラームの理性主義……144
イスラーム神学の成立…147/ムータジラ派の神学…151/アシュアリー派の神学…155/アル・ガザーリーの思想…158/神への愛…161
3 権威と権威主義……166
『ハディース』の解釈…170

4 イスラーム法と理性……178

5 イスラームにおける多様と寛容……188

リベラルなイスラーム…194／宗教目玉焼き論…198

6 イスラームの多様性……203

7 現代のイスラーム理解のために……214

ワッハーブ派の思想…231／宗教的権威の空白状態…235／イスラームの館…243

8 イスラームと生長の家……247

イスラームの理性と論理性…255／イマームとは何か？…262／現象の奥の真実在…266／スーフィズムが目指すもの…271／生長の家との類似点…275

第一部　イスラームの衝撃

1　ロンドンのテロ

ロンドン同時多発テロ事件

二〇〇五年七月七日、イギリスの首都ロンドン中心部で起った爆破テロ事件。地下鉄三カ所とバス一台が標的にされた。まず、同日午前八時五十分頃、走行中の地下鉄の三台の列車がほぼ同時に爆発、車両が大破したほか、周辺施設も被害を受けた。その約一時間後の午前九時四十七分頃、大英博物館に近いタビストックスクエアを走行中の二階建てバスの車内で爆発があり、屋根などが破壊された。一連の事件で、自爆した実行犯四人を含む五十六人が死亡、約七百人が負傷した。さらに、同月二十一日午後零時半頃には、ロンドン中心部の地下鉄ウォレンストリート駅付近で小規模の爆発があり、一人が負傷。ほぼ同時に他の地下鉄二駅とバスでも爆発や爆破未遂事件が発生した。二十一日の事件の容疑者四人は全員逮捕された。最初の事件は、同国スコットランドで七月六日から三日間の日程で開催された主要国首脳会議（グレンイーグルズ・サミット）の開幕中に起ったもの。

ロンドンでの同時多発テロが起こってから、しばらくたった。私は、この事件についてブログで何か書こうと思いながら、ずっと躊躇《ちゆうちよ》していた。その理由は、自分の好きな国の人々を責める結果になることを危惧していたからだ。９・11の後にも「祈りの言葉」を書いたが、ボストン在住の人から「冷たすぎる」との抗議のメールをもらった。その祈りとは、先進国と途上国の国民の間にある経済格差の大きさを、我々（日本を含めて）が無視し続けてきたことに対する反省を込め、報復攻撃の無意味さを訴えた内容だ。しかし、罪のない人々を何千人も殺戮《さつりく》されたアメリカ国民にとっては、不本意なことだが「殺されたのはお前の責任だ」というメッセージに聞こえたのだろう。

あの未曾有《みぞう》の事件以降に、いろいろなことが明らかになった。「アルカイーダ」(1)という組織のこと、その指導者であるオサマ・ビンラディン(2)という人物のこと、そして、ビンラディンとサウジアラビア王家の関係のこと、サウジアラビア王家とアメリカ石油資本とのつながりのこと、イラン＝イラク戦争のこと、その戦争でアメリカがイラクを支援したこと、イラクに大量破壊兵器は存在しなかったこと、イラクとアルカイーダの公的関係は存在しなかったこと等々……。また、あの事件をきっかけにして、アメリカを中心として〝テロとの戦争〟開始が宣言され、現在も複数の国の中でそれが行われている。今回のロンドン攻撃は、明らかにこの〝戦争〟の一部である。恐らくアルカイーダの手によるものだ。日本は、この〝戦争〟にアメリカの同盟国として参加している。だから、同じくアメリカの同盟国であるイギリスに対するテロリストの攻撃に対しては、断乎、反撃すべき立場にある。

しかし、「テロに反撃する」とは何をすることなのか？　9・11の実行犯の多くは、アメリカにとっては外国人だった。しかし、今回の事件の実行犯四人がイギリス国籍であることを、どう理解すべきか。日本には、かつての政治闘争激しい時代に「連合赤軍」という武闘派政治組織があった。また、最近では宗教的信念から国家転覆をはかる「オウム真理教」がいた。こういう武装闘争派には、海外に支援組織やシンパサイザー(3)は事実上いなかった。つまり、彼らは日本社会からも国際社会からも孤立していたから、純粋に国内犯罪として取り締まり、処罰すればそれでよかった。

ところが、アルカイーダなどのイスラーム過激派組織は、世界的な支援組織をもっているだけでなく、多くのイスラーム国家の支配層の統治に反対する夥《おびただ》しい数の、同じイスラム教信者の社会的支援を受けている。この支援の背後には、それぞれの国の国内問題だけでなく、アメリカの中東政策と自国の外交政策に対する、宗教的信念に裏づけられた根深く、そして広範囲にわたる憎しみや反感がある。この「憎しみ」や「反感」が原因であって、テロ活動はそこから派生した結果の一つに過ぎない。他の結果は、イラクやアフガニスタンでの反政府（反米）武装闘争などだ。原因を放置しておいて、そこから流れ出る結果の一つ一つを叩いていくのが〝テロとの戦争〟なのか？　そういう戦争が、勝利をもたらしたことがかつてあるのだろうか？　疑問はつきない。

二〇〇五年七月十二日付の『ヘラルド朝日』紙の論説ページに、シカゴ大学の政治学教授、ロバート・ペイプ（Robert A. Pape）氏の冷徹な分析が載っていた。アルカイーダは〝テロとの戦争〟に負けていないというのだ。二〇〇二年以降、アルカイーダは十七件の爆破事件に関与しており、命を落とした犠牲者は七〇〇人以上。この犠牲者の数は、９・11に先立つ六年間のすべての爆弾テロ事件の犠牲者数を上回るという。一九九五年から二〇〇四年までに、アルカイーダに支援された自爆テロ実行犯の数は七十一人で、このうち六十七人の国籍や出身地を調べてみると、圧倒的多数がサウジアラビアかその他の湾岸地域諸国であり、そこには一九九〇年以来、アメリカ軍が駐留している。その他の出身国を見ても、そこにはアメリカが〝テロ支援国〟と呼んでいたイラン、リビア、スーダン、イラクはなく、むしろイスラーム地域に於けるアメリカの同盟国であるトルコ、エジプト、パキスタン、インドネシア、モロッコの名前があるというのだ。
ペイプ教授はさらに続ける——二〇〇三年十二月にノルウェーの情報機関が発見したイスラーム系ウェブサイトには、アルカイーダの戦略変更を示す長文の計画書があった。それによると、アメリカとその同盟国をイラクから撤退させるためには、9・11のような攻撃では不十分であり、その代わり、アメリカのヨーロッパに於ける同盟国を攻撃する方が効果的だという。具体的には、イギリス、ポーランド、スペインの名が挙げられており、特にスペインは、イラク戦争に対する国内の反対が強いから攻撃対象にできるとされていた。そしてイギリスについては、こうあった——「イラクからスペイン軍、またはイタリア軍が撤退すれば、イギリス軍に大きな圧力を与えることができる。この圧力にトニー・ブレア（Tony Blair, 当時の英首相）は耐えられないから、ドミノ・ゲームの牌《はい》はすぐに倒れるだろう」。

私はもちろん、テロリストに同情するものではない。彼らは自分たちの掲げる政治目標のために、無関係の人を大量に殺し、社会に恐怖を醸成《じょうせい》することを狙っている。それをもし〝神〟の名に於いて実行しうると信じるならば、それは神を冒涜《ぼうとく》する妄信以外の何ものでもない。しかし、彼らに目的を達成させないためには、武力による鎮圧だけでは不十分である。イスラーム諸国の国民の心から憎しみや反感を取り去る努力が、もっと真剣に、大々的に展開されるべきと考える。

原理主義者の聖典解釈

ロンドンのテロ実行犯がイギリス人であるということを日本に当てはめれば、日本の地下鉄で爆弾テロが起こり、その実行犯が海外テロ組織の支援を受けた（外国系）日本人だったということだ。そして、その海外テロ組織のある外国と、テロ実行犯の出身国は別であるということだ。日本ではちょっと想像しにくい事態だが、イギリスでは、それが起こった。その海外テロ組織とテロ実行犯とは、同じ信仰あるいは信念で結ばれている。そうなると当然、その信仰や信念をもつ人々全体が、国籍の如何を問わず〝潜在的テロリスト〟として疑いや憎しみの目を向けられることになるだろう。そういう事態がイギリスで起こった。

二〇〇五年七月十三日付の『ヘラルド朝日』紙によると、テロが起こった木曜日以降、イギリスでは数日間でイスラム教の四寺院が放火された。放火されなかった寺院も、窓ガラスが割られたり、ドアが傷つけられたり、壁面に人種差別的な落書きをされたり、イスラームで忌み嫌われるブタの死体の一部が投げつけられたりしたという。モスクだけでなく、イスラム教徒の経営する商店や家、自動車などが攻撃の対象となった。また、イスラム教徒個人への嫌がらせも数多くあった。イスラム教徒保安フォーラムのアザド・アリ氏(Azad Ali)によると、事件があった木曜日以来、ロンドンにおけるイスラム教徒への嫌がらせは一〇〇〇パーセント増加したという。

9・11直後のアメリカでも、このようなイスラム教徒やアラブ系住民への嫌がらせが急増したし、〝テロとの戦争〟継続中の今も、有形無形の社会的差別がアメリカ社会では起こっている。アメリカの連続テレビドラマ『*Whithout A Trace*』(邦題『FBI・失踪者を追え!』)でもそれを取り上げ、アラブ系の優秀な医学生が、昇進や結婚の道を閉ざされて自暴自棄に陥っていく様子を克明に描いていた。だから、ロンドンのテロを計画した者が、自分たちの行動によって、多くの同信者が自国や海外で迫害さたり差別されることを予測できなかったとは思えない。しかし彼らは、それを承知でテロを実行する。そういう心境を、私はよく理解できないのである。

ロンドンのテロとアルカイーダとのつながりは、よく分かっていない。しかし、仮にあったとすると、「中東全域から欧米の軍隊を撤退させる」という彼らの目的のために、手段は選ばないということだろう。オサマ・ビンラディンは、イスラム教ではスンニ派(4)の中でも伝統や聖典の字義的解釈を重んじるワッハーブ派出身であることが、その頑《かたく》なな信仰姿勢（あるいは政治信条）をある程度、説明しているように思える。

こういう事件の際、よく彼らの行動の典拠とされるのは、『コーラン』(5)の次のような一節である：

騒擾《そうじょう》がすっかりなくなる時まで、宗教が全くアッラーの（宗教）ただ一条《ひとすじ》になる時まで、彼ら（不信仰者）を相手に戦い抜け。しかしもし向うが止めたなら、（汝らも）害意を棄てねばならぬぞ、悪心抜きがたき者どもだけは別として。

（第二章「牝牛」一九三節）

ワッハーブ派は、サウジアラビアの国教だが、サウジ王家側は、この一節の後半部分を根拠として、欧米諸国との協調を正当化するが、ビンラディンなどは、エルサレムの帰属やサウジアラビアへの米軍駐留を見て「騒擾がある」とし、サウジ王家や米英などを「悪心抜き難き者ども」と考えて、徹底抗戦を推し進めているらしい。

先に引用した章句は、ムハンマドが異教徒との戦いと征服によって勢力を拡大していった初期の状況下に啓示された言葉である。そういう千年以上も前のアラビア半島の特殊な状況を二十一世紀の現代にそのまま当てはめ、聖典の字義通りの解釈によってテロや戦争を正当化するのが、いわゆる「原理主義的」な立場である。『コーラン』[6]には、戦争中に受けた激烈な調子の啓示がこのほかにも数多くあるから、それを現代に字義通りに当てはめようとする原理主義的態度をとる限り、イスラム教は〝好戦的〟だと警戒される状態は続いていくほかはないだろう。私は、原理主義を超えたイスラームの登場と発展を切に願うものである。

テロの動機とは?

私は先に、9・11やロンドンの同時多発テロによってイスラム教信者全体が、社会から〝敵視〟されないまでも、少なくとも〝危険視〟されることが事前に充分予測されたにもかかわらず、テロ実行犯たちが敢えてそれを行う心境について「よく理解できない」と書いた。しかし、考え方次第では、理解ができるかもしれない。キーワードは二つある。一つは「対照化」であり、もう一つは「自己破壊」である。対照化とは、人間が普通にもっている心理的傾向の一つで、例えば、複雑な世の中の諸事象を、単純な「善と悪」「敵と味方」「男と女」「信仰者と不信仰者」など、二つの対立物間の関係として捉えるものの見方である。自己破壊とは、そのものズバリ、自分を破壊したいという情念で、精神分析学の祖・フロイトが唱えた無意識的な願望の一つである。後にカール・A・メニンジャー(7)は、この概念を集団や国家のレベルにまで拡大し、戦争は集団の自己破壊願望の現れであると唱えた。また今日の心理学でも、殺人は形を変えた自己破壊(自殺)だと捉えることがある。

この二つのキーワードを使って問題を整理してみよう。まず第一に、イスラームの思想には世界を「対照化」して捉える考え方がある。それは、イスラム教が信仰されている世界を「ダール・アルイスラーム」(Dar al-Islam)と呼んで〝平和な世界〟と考え、イスラム教の信仰が及ばない世界を「ダール・アルハルブ」(Dar al-Harb)と呼んで〝戦争の世界〟として捉えるものだ。この考え方に忠実に従えば、世界平和を実現するためには、世界の人すべてをイスラームに改宗させなければならない。が、現実にはそれは不可能だから、実際のイスラーム国家では、他宗教の信者を無理やりイスラーム化する政策は採っていない。しかし、世界観としてはこの「二分法」的考え方が多くのイスラム教徒——少なくとも原理主義者の中に存在すると考えられる。

次のキーワードである「自己破壊」の願望は、もっと複雑である。この問題は拙著『足元から平和を』の中でも少し触れたが、(8)9・11もロンドンのテロも「自爆」によって行なわれたということが重要である。つまり、テロ実行犯は自殺しているのだ。さらに言えることは、敵意をもって破壊する社会の「外」ではなく、「中」にいたことである。もちろん、9・11のハイジャック犯などは、アメリカ人でなく、アメリカへの長期滞在者でもない者もいたが、しかしドイツのハンブルクで長い間生活していたのだから、自由や民主主義や享楽的生活をよく知っていたのである。前記の用語を使えば、彼らは皆、〝戦争世界〟に住むイスラム教徒だった。そこでは当然、ジハード(聖戦)が要求されるのである。その反面、若い彼らは西洋文明に惹かれ、もし誘惑に身を任せていなかったならば、誘惑を感じる自分と戦い続けていただろう。コラムニストのロジャー・コーエン氏(Roger Cohen)は、二〇〇五年七月二十日付の『ヘラルド朝日』紙にこんな言葉を書いている——「選択肢が数多く、道徳的な絶対価値が存在しない、西洋社会に於ける自由のやっかいな本質が、恐らく彼らを狂信的な信仰へと逃避させたのだ」。

私は、「狂信的信仰への逃避」というよりは、「失われかけたイスラム教徒としてのアイデンティティーの回復」[9]という表現の方が、事実に近いと感じる。ロンドンのテロ実行犯のように、その土地で生まれ生活してきた若者にとっては、父祖の国の文化と生れた土地の文化との差が大きければ大きいほど、アイデンティティーの危機が深刻化する傾向がある。これは、第二次大戦前後に、アメリカ在住の日系人が経験したことと似ているのではないかと想像する。この種の心理的葛藤の中から選ばれる選択肢は、戦争を背景としている場合は両極的にならざるを得ない。つまり、どちらか一方を採り、他方は完全に否定しなければならない。彼らは、自己の一方の傾向を完全に否定する（自殺する）ことにより、完全なるイスラム教徒としてのアイデンティティーを獲得することができる、と信じたのではないか。そして「殉教者は天国に生れる」というイスラームの教えは、彼らの心理を完璧に代弁していたのである。

新タイプのテロリスト

二回におよぶロンドンのテロの容疑者の身元が分かり、あるいは逮捕され、そのプロフィールが明らかになるにつれ、〝新しいタイプ〟のテロリストの登場が議論されるようになった。それは、先進国に受け入れられた移民や難民の子供で、受け入れ先の社会から

〝疎外〟されている若者である。先に私は「その土地で生まれ生活してきた若者にとっては、父祖の国の文化と生れた土地の文化との差が大きければ大きいほど、アイデンティティーの危機が深刻化する傾向がある」と書いた。これは主として「文化」面での心の葛藤を意味しているのだが、これに「社会」面での疎外が加わると事態がより深刻化するかもしれない。つまり、社会的な差別や偏見の問題である。しかし、こういう説明に必ずしも当てはまらない人々が、ロンドンのテロの実行犯または容疑者の中にはいるのである。

ロンドンのテロは当初、アルカイーダとの関係が疑われたが、調べが進むにしたがって、そのような「直接の関係」は存在せず、「イスラーム社会出身」という共通分母はあるものの、最大限に見積もっても緩《ゆる》い「間接的な関係」しか認められないようだ。実行犯の一人は、宗教的動機さえ否定している。〝共通分母〟をまとめてみると、それは「イスラーム社会出身の英国籍の若者」で、一人を除いては犯罪歴もない「普通の青年」である。また、イラク戦争に反発しての犯行であるようだが、これについては、ローマで逮捕されたエチオピア出身の英国人、フセイン・オスマン容疑者（27）だけがそうはっきり言っていた。しかし、この男は犯行目的は「示威」であって「殺人」ではないとも言っているそうだから、重罪を逃れるための言い逃れの可能性もあり、真偽のほどは不明である。

二〇〇五年八月二日付の『ヘラルド朝日』紙によると、ロンドン・テロの一回目と二回目の関係も不明だという。つまり、この二週間をあけた二つのテロの容疑者の間に関係があったという証拠は、この時点ではまだ見つかっていない。また、二事件の容疑者の年齢が十八～三十歳と若いことから、彼らがアフガニスタンのアルカイーダのキャンプ（二〇〇一年に破壊）で訓練されたとはあまり考えられない。すると、爆弾製造とテロの方法についてて学んだのは、英国内であった可能性が高くなる。さらに「貧困がテロを生む」という仮説も、今回は適用できないようだ。というのは、彼らは必ずしも貧困層に属していない。前記のオスマン容疑者の取調べで分かったことは、彼がテロを思い立ったのは、自分が通っていたジムで、ムクタル・サイード・イブラヒム容疑者（27）から計画を持ちかけられた、と供述していることだ。スポーツ・ジムに通う青年は「貧困」とは言えないだろう。

ただ、「イスラーム社会が西洋社会から攻撃を受けている」という物の見方が、イスラームの信仰者の一般に根強くあることがこの事件と関係しているように思う。自ら〝西洋化〟を選んで推進した日本社会の内部からではよく分からないが、十字軍やオスマン帝国、植民地支配を経験したイスラーム圏の国々では、このような見方の中での反発は、過激化する場合があるのかもしれない。

　ところで、二〇〇五年七月二十三日号のイギリスの科学誌『*NewScientist*』が興味ある分析を掲載していた。[10] ひと言でそれを表わすと「誰でもテロリストになる」ということだ。七月七日のテロ実行犯が〝ごく普通〟の〝いい人〟だったことに我々は驚くが、テロ研究者によると、ほとんどの自爆テロ実行犯は、所属社会の平均より良い位置にあり、平均以上の教育を受けているし、心理学的見地からみても自殺願望が特に強いわけでもないという。テルアビブ大学の心理学者、アリエル・メラーリ氏は一九八三年以降、中東で起こったすべての自爆テロ犯の背景を調査した結果、精神障害や薬物中毒、アルコール中毒の症状をもった者は、ごく少数しかいなかったという。メラーリ氏ら心理学者が言うには、自爆テロ実行者を作るには、三ステップが必要だそうだ。①目的に賛同する人――若い、女よりは男――を見つけ、少人数のグループに分ける。②その目的を宗教的、または政治的理由で正当化し、使命実行が如何に英雄的であり、自己犠牲がいかに尊いかを洗脳する。③そのグループ構成員全員に、何をどうするかの〝誓い〟を立てさせる。この段階まで行けば、構成員は心理学的に〝誓い〟から引き返すことは非常に難しくなるそうだ。だから、問題の本質は宗教ではなく、グループ心理学なのだという。

もし、この分析がこれら二つのテロ事件に当てはまるとすると、二つの事件は無関係であり、テロリストとアルカイーダも無関係なのだろう。すると、前記した②に該当する部分を、誰が（あるいは何が）行ったかが重要な疑問となる。①と③は、少数グループ内だけで自発的にも成立するが、②は、外部からのインプットがなければ青年の心には届かないと思うからだ。私はそこに、イスラーム社会全体と、インターネットを含むメディアの状況が関係しているような気がする。この年の八月二日付の『産経新聞』は国際テロ専門家、ルイ・カプリオリ氏の言葉――「穏健なイスラム教徒にも自爆を恐れない聖戦主義者の行動をレジスタンスとみなす精神的土壌がある」を引用していたが、このような土壌の中で、メディアが繰り返し、繰り返し、リアルな映像と音声を通して「イスラーム社会が西洋社会から攻撃を受けている」というイメージを送り続ければ、②を実行していることにならないだろうか？　もしそうであれば、ロンドンでの二度のテロは、国際社会全体が作り出したことになるのかもしれない。

英政府の報告書

ロンドン中心部で起こった同時爆破テロ事件については、イギリスの国会と内務省が二〇〇六年五月に、それぞれ調査報告書を発表した。この年の五月十二日付の『朝日新聞』によると、報告書は、この事件は「英国の地方都市で育った移民二世が計画、実行したことが裏づけられた」とし、「実行犯四人は国際テロ組織アルカイダに触発されたが、直接の関係は証明できなかった」と書いている。同じく十二日付の『ヘラルド朝日』紙によれば、七月七日の実行犯四人と、その二週間後に交通機関を狙った爆破未遂事件を起こした人物との関係については、報告書は「何も見出せなかった」と結論している。結局、組織的な犯行ではなく、少数の個人が、他とは無関係で実行した事件という印象が強い。

これまでの私の分析では、この事件はアメリカの9・11とは異なり、

①被害国社会の内部から生じたテロであること、

②アルカイーダとの直接の関係はないこと、

③単なる武力や警察力だけでは、この種のテロは消滅しないこと、

④自爆テロリストの動機には「イスラム教徒としてのアイデンティティーの危機」が考えられる、

などだった。イギリス議会と内務省の報告書の内容は、この①と②を確認するもので、新しさはあまりない。が、新聞報道から私が一つ新しく知ったのは、イギリスの情報機関

は事件の主犯格の男、シディック・カーン（Siddique Khan）とシャザード・タンウィーア（Shazad Tanweer）のことを事前に把握していたものの、その重要性についての認識がなく、当時、もっと重要だと思われたイギリス攻撃計画の妨害工作に力を振り向けるため、彼らの動静や計画をより深く追究しなかった、という話だ。

二〇〇六年五月十二日に放映されたアメリカのＡＢＣニュースは、ロンドンの計画と9・11との類似性を正面に出した報道となっていた。つまり、アメリカの情報機関と同様に、イギリスの情報機関もテロ実行犯をマークしていながら、その脅威を過小評価していたために、テロの防止に失敗したというのである。具体的には、七月七日のテロの四人の実行犯のうち二人までを調査しており、主犯格のカーンについては電話番号も写真も入手していたどころか、イスラーム過激派との間に交わされた電話の内容も録音していた。調査は二回に及んだが、その二回とも、当時起こった別の重要事項（more pressing priorities at the time）のために調査は途中で打ち切られたという。

ところが、同じ十二日に放映されたＢＢＣニュースを見て、私は驚いた。事件の現場であるイギリスでは、テロ実行犯は「恐らくアルカイーダとのつながりがあった」（probably had contacts with Al Qaeda.）とハッキリ言っていたからだ。現地午後十時放映のニュースによると、「自爆犯とアルカイーダの人物とのつながりは何年も前からあったらしいことを我々は今、伝えられている」（We are now told that it is likely that the bombers had contacts with Al Qaeda figures going back years.）というのである。イギリスの情報機関では、自爆犯に対するアルカイーダの支援と指示がどの程度であったかをまだ調査中だが、カーンは九〇年代にアフガニスタンでテロの訓練を受けた可能性があり、パキスタンにも何度も行っているというのである。

こうなってくると、『朝日』の記事は見出しが「アルカイダ関与なし」というのだから、限りなく「誤報」に近いと言える。ＢＢＣの報道から考えると、「直接の関与は証明できなかった」というのは「現在まだ調査中であるが、疑いはかなり濃い」という意味だろうから、それを「関与なし」と結論するのは間違いだろう。今回の報告書の一つはＢＢＣのサイト(11)でも入手できるから、しっかり読んでから報道してほしかった。

2 信仰と風刺

ムハンマドの風刺漫画事件

二〇〇五年九月三十日、デンマークの保守系紙『ユランズ・ポステン』（*Jyllands-Posten*）が、イスラームの開祖・ムハンマドを題材にした十二枚の風刺漫画を掲載したことに端を発した混乱。漫画の中には、導火線に火のついた爆弾をムハンマドの頭部に描いたものがあり、イスラーム過激派を連想させるものがあった。これらの漫画は、ムハンマドへの侮辱を意味するだけでなく、イスラームでは偶像崇拝につながるムハンマドの肖像画を厳しく禁止していることから、イスラム教徒の反発を招く結果となった。翌二〇〇六年一月、ノルウェーのキリスト教系雑誌がこの風刺画を再掲載したことでイスラーム世界に反発が広がった。さらに同年二月には、フランス、ドイツなど欧州諸国の新聞も「表現の自由」を掲げて風刺画を転載したことから、世界各地でイスラームの反発が激化し、デンマークやノルウェーの在外公館への放火、デンマーク製品の不買運動や抗議デモが起こるなど、混乱が拡大した。

デンマークの新聞が二〇〇五年九月、イスラーム最高の預言者とされるムハンマドを風刺漫画に描いたことが発端となり、「表現の自由」を掲げるヨーロッパのジャーナリズムと、イスラーム信仰者の対立が激化した。デンマークの新聞に連帯を示すためにベルギー、フランス、ノルウェーなどヨーロッパの新聞や雑誌が次々と同じ漫画を掲載したところ、ガザではパレスチナ人がEUの事務所前で銃を発射して抗議、バグダッドではデンマーク製品のボイコット運動が起こり、ジャカルタではデンマーク大使館に腐った卵が投げつけられるなど、イスラーム諸国を中心に激しい抗議の輪が広がった。

フランスでは当初、デンマークの問題の漫画を転載した日刊紙の編集長が解任されたが、高級紙『ル・モンド』は二〇〇六年二月三日付で別の風刺画を掲載して「宗教には敬意が払われるべきだが、同時に自由な分析、批判、笑いの対象でもあるべきだ」と社説で主張した。しかしその後、シラク大統領が「表現の自由は許されるべきだが、他人の信仰も尊重すべきだ」など柔軟姿勢を示し、デンマークのラスムセン首相は同三日、イスラーム諸国の大使など七十人以上と会談し、風刺漫画の掲載について「不適切だった」と遺憾を表明、イギリスのストロー外相も問題の漫画を転載した行為を「間違いだった」と明言するなど、火消しに大わらわだった。また、二日には、国連のアナン事務総長が「報道の自由は常に、すべての宗教の信仰と教義を完全に尊重する形で行使されなければならない」との声明を発表した。

外交という側面から考えれば、ヨーロッパ各国首脳の対応は当然と思う。外交においては、表現は「柔らかく」「間接的」「暗示的」に行うのが常道だからだ。とりわけ他国の宗教の中心者に関する場合、自国の同じ立場の人に対するのと同様の態度を守るのが常識だ。しかし、ジャーナリズムにおける「表現の自由」ということになると、恐らく問題の角度が少し違ってくる。とりわけ自由主義の国々では、ある程度「悪趣味」と思われる表現も許されてきたし、そうしなければ、民主主義の基本である「自由な討議」は成立しない。その一方で、誹謗《ひぼう》や中傷は犯罪として処罰されることがある。問題は、どの程度までの風刺なら許されるかということだ。

では、今回の漫画はどんな内容か？――私はそう思って日本の新聞を見たが、どこにも載っていなかった。二月四日朝のBBCニュースでも、問題の漫画は注意深くボカしてあった。そしてやっと、アメリカのABCニュースにそれらしいものが短時間映った。しかし、問題の発端になった漫画は十二枚あったというのだから（四日付『ヘラルド朝日』）、その中の一枚にすぎないだろう。それはどういう絵かというと、黒いターバンを頭に巻いたアラブ人風の男の顔の漫画で、ターバンの隅から黒いダイナマイトと導火線のようなものが見えている。これがムハンマドの顔であるかどうか私には分からない。が、イスラームの人々がそう言って怒っているのだから、きっとそうなのだ。「ふーむ……」と考え込んでしまった。

立場を逆転させて考えてみよう。もし、釈迦や孔子、イエスあるいはローマ法王の頭からダイナマイトの導火線が出ている漫画が新聞に掲載されたら、どうだろうか？　それぞれの信仰者たちが怒ることは、容易に想像できる。だから、それを掲載した新聞が軽率だったことは否定できない。しかしその反面、実際にイスラーム過激派の爆弾テロ攻撃を受けて多くの死傷者が出た国には、そういう風刺漫画を歓迎する人がいることも理解できる。私は過去に、ビンラディンやザルカウイ(12)などを風刺した漫画を見たことがあるが、イスラーム世界はそれに対してはこれほど反応しなかった。どうやら問題の核心は、「預言者ムハンマドを扱った」という点にあったようだ。

イスラーム世界では、預言者ムハンマドを〝形〟に描いてはいけないという約束事があるらしい。まして漫画や風刺画などとんでもないということだろう。しかも、「彼の頭脳は爆弾だ」と言わんばかりの表現は、「預言者の全面否定」と受け取られても仕方がないだろう。日本や西洋社会においては、「神」が風刺の対象となることがある。しかし、イスラーム世界ではそれは許されない。この文化の違い、考え方の違いが原因でこの問題は起こった。グローバルな社会では、この種の文化の違いが「摩擦」となり、さらに深刻な政治問題へと発展する恐れがある。しかし、この動きは止められないのだから、対立する双方が互いの考え方を理解する方向へ進んでいく以外に共存の道はないと思う。

メディアの責任

ヨーロッパのメディアがイスラーム最高の預言者・ムハンマドの風刺漫画を掲載した問題は、その後シリアとベイルートではついに領事館放火騒ぎにまで発展した。そして、デンマーク領事館を放火から守れなかったレバノンの内相が引責辞任。イスラーム側も問題のこれ以上の拡大を防ごうと、イスラーム諸国会議機構（ＯＩＣ）を含め、政治家、宗教指導者らが放火を非難する声明を発表した。イラクでは、過激派がこれを利用しようと、デンマーク人の拉致《らち》や、デンマークやノルウェーの製品を扱う商店への攻撃などを呼びかけた。

私は先に、この事件の原因を「文化の違い、考え方の違い」だと書いたが、書き漏らしたことがある。それは、現代のジャーナリズムの問題である。私は二〇〇五年五月十三日のブログで、「人が犬に噛みつくとき(13)」と題して今日のメディアが〝悪いこと〟〝稀《まれ》なこと〟〝異常事件〟に焦点を合わせて報道するクセを批判し、その結果「大規模な事実の歪《わい》曲《きょく》」が行われていると書いた。その歪曲とは、異常事実ばかりが集められ、ニュースで繰り返して放送され、印刷され、インターネット上に掲載され続けることによって、「稀な事実がいつも起こっている」という反事実が定着することだ。これを別の言葉で表現すれば、コトバの力の誤用によって非存在の事実が存在するかのような印象を作り上げること、とも言える。

私がここで「非存在の事実」と言っているのは、「イスラームに暴力礼賛の宗教である」ということだ。そんな事実は存在しないのに、西側メディアは、イスラーム過激派が暴力事件を起こす時に、あるいはイスラームの教えが暴力に関係する時にだけ報道し、そうでない、平和を望む彼らの毎日の祈りについて、彼らの平和への努力について、また彼らの社会の善い面については、ほとんど何も言わないからである。私は問題になった風刺漫画をすべて見たわけではないが、ムハンマドを爆弾テロリストに見立てたものだけを取り上げてみても、イスラームについて本を一冊でも読んだ人が描くものとは思えない。それは、「表現の自由」を楯に取って擁護するに値しないものである。

　にもかかわらず、イギリスを除く多くのヨーロッパの国のジャーナリズムが、イスラーム信者が嫌がるであろうことを知りながら敢えてそれを「再掲載」（オリジナルの掲載は二〇〇五年九月）したのは、彼ら自身がイスラームの悪い面ばかりを見、取材し、報道してきたことで、「イスラーム信者のマジョリティーは暴力礼賛だ」との印象を持っていたからではないか、と私は疑う。もしそうでなく、イスラームのマジョリティーは暴力反対と考えていながら、イスラームの〝聖者〟であるムハンマドの頭を爆弾として描いたのだとしたら、それは立派な〝名誉毀損〟である。「表現の自由」などというのは苦しい弁解だ。

　では、イスラーム側の暴動は正当化されるのか？　いや、正当化はされないが、ここにもメディアの力が影響している。これも二〇〇五年五月二十九日のブログで書いたが、「暴力は社会に伝染する」[14]のである。その〝伝染病〟の媒体になっているのが、現在のメディアのニュース判断なのだ。私は、西側メディアのことだけを言っているのではなく、アルジャジーラやアルアラビアなどのイスラーム側のメディアも、今回の初期のイスラーム側の不満や怒りを克明に報道したことで、それが世界中のイスラーム信者に大きな影響を与えたに違いない。特に、多くのイスラーム国では、若者の人口が多く、しかも多くは失業している。そういう社会的に不安定で血気盛んな人々に、暴力行為を振るう立派な口実を与える結果になることを、イスラーム諸国のメディアが予想しなかったとは思えない。予想しながらやったのであれば、社会的責任の一端は彼らにもある。

結局、世の中の悪ばかりを探して、それを「懲《こ》らしめるため」と言って大きく扱う現在のメディアの手法は、悪い結果を生み出している。悪を認め、悪の情報をメディアが世界中に拡大することで善が訪れることはないのである。二〇〇五年六月二日のブログ[15]に書いたように、相手を〝悪魔化〟して描く行為は戦争への道である。そういう意味では、西側、イスラーム側双方の良識ある人々がもっと声を大にして、相手の〝善い面〟を讃えることで、事件を早く収拾してほしかった。

宗教の政治への利用

ヨーロッパのメディアによるムハンマドの風刺漫画掲載に端を発したイスラーム諸国での抗議や暴動は、一向に収まらない。私は当初（二〇〇六年二月四日）、この問題は文化の違い、考え方の違いが原因だと書き、さらにマスメディアの〝悪を集める〟報道姿勢も暴力拡大に一役買っている、と述べた。しかし、その後の報道を見ていると、この一連の騒ぎの背後にはもう一つの要素がからんでいるように思う。それは、イスラーム側が宗教を政治的に利用する動きである。

問題の風刺漫画は二〇〇五年九月、デンマークの新聞に掲載されたのだが、その時は今のような大規模な抗議の声は上がらなかった。それが翌年になってベルギー、フランス、ノルウェーなどのメディアが「再掲載」したことで、イスラーム信者の怒りに一気に火がついた……という印象を私はもっていた。ところが、今日の『朝日新聞』の報道では、デンマークでの最初の掲載から十八日後の二〇〇五年十月十七日に、エジプトの日刊紙『アルファガル』が第一面にその風刺漫画を掲載し、さらに「風刺画で預言者とその妻を侮辱」と題する別刷りの特集版を発行したという。続いて十一月十日にヨルダンの新聞、十二月十二日にはエジプトの週刊紙がこの漫画を転載し、二〇〇五年末までにイスラーム系ウェブサイトにも載っていたというのである。ということは、イスラーム社会にあるという「預言者ムハンマドを形に描いてはいけないという約束事」は、それほど厳密なものではないことを示している。なぜなら、「転載」だって「形に描く」ことに変わりないからだ。

ではなぜ、イスラーム国内での「転載」が抗議の嵐を起こさずに、ヨーロッパでの転載が嵐を起こしたのか？　その大きな理由の一つには、イスラーム圏内での転載は「漫画を批判する」ためだが、ヨーロッパでの転載は「漫画を擁護する」ためだ、との認識がイスラーム側にあるからだろう。ここに大きな誤解がある、と私は思う。ヨーロッパのメディアが漫画を転載したのは――私自身はこれを軽率な行為と考えるが――漫画の内容を擁護するためではなく、「漫画によって宗教を批判する自由」を擁護するためである。暴動に参加している人々の多くは、その重要な違いを理解していないに違いない。また、理解している人も大勢いると思うが、そういう人々は別の目的で大衆の感情の昂《たか》ぶりを利用しているのだ。

また、イスラーム圏内での転載が〝嵐〟にならなかったもう一つの理由として、前掲の『朝日』の記事に出てくる二十八歳のイラク人記者の分析は、興味深い――「アブグレイブ刑務所で米兵がイラク人収容者を虐待した時も、地元メディアは早くから何度も報じたが、欧米で伝えられ始めてから、急に抗議行動が広がった。イスラーム世界の世論が自国の政府やメディアを信用しておらず、欧米メディアに強く影響されている証拠だ」。

人々の宗教的感情を政治目的に利用することは、政治の〝常道〟といっていいだろう。日本でも一向一揆《いっこういっき》(16)や明治維新(17)の際にこれが行われたし、最近では旧ユーゴスラビアの内戦、タリバンによるアフガニスタンの支配、9・11テロ、そして現在のイラクでの宗派間対立など、いくらでも例がある。そして、悲しいことに今回は、アフリカ西部のナイジェリアで、ムハンマドの風刺漫画を契機として政治紛争が起こったのだ。二〇〇六年二月二十五～二十六日付の『ヘラルド朝日』紙の伝えるところでは、この地ではキリスト教徒が暴徒化してイスラーム信者の家や商店、モスクを攻撃し、百人以上の死者を出した。この暴力行為は先の、ムハンマドの風刺漫画に怒ったイスラーム信者がキリスト教徒を攻撃し、多数の死傷者を出したことへの報復だとされた。

しかし、この衝突の背景には宗教的な原因でなく、古くからの民族間の政治対立があったのである。この地では、一九六〇年代に「ビアフラ」という国の独立を目指した民族間の激しい内戦があり、この〝古傷〟が今回の風刺漫画事件をきっかけに口を開け、武力対立にまで発展したのだ。民族と宗教は一体となって発展することが多いため、民族間に政治対立が起こると、それは一見〝宗教対立〟のような様相を呈する。しかし、対立の内容をよく見てみると、教義上の対立ではなく、民族間あるいは宗教・宗派間の「利害の対立」が原因になっていることが多い。政治と宗教が一体となる危険性を、よく示していると思う。

3　イスラームにヴァチカンはない

イスラーム原理主義のタリバン政権に代ってアフガニスタンに登場した新政府が、実際にどれほど〝民主化〟したかを示す出来事があった。それは、イスラームからキリスト教に改宗したため「背教《はいきょう》の罪」に問われた同国の男性、アブドル・ラフマン氏（41）に対し、裁判所は二〇〇六年三月二十六日、精神状態などを理由に訴追手続きを中止した、ということだ。ラフマン氏は、まもなく釈放されるというが、同国の宗教指導者らは、イスラーム法にもとづき「死刑」を求めていたというのだから、なかなか大変な国だとの印象を受けた。民主主義下では、「信教の自由」は基本的人権の一つとして当然に保障されるが、この国ではイスラームからの改宗は、相当な覚悟が必要なのだ。同年三月二十七日付の『産経新聞』などが伝えた。

ラフマン氏の訴追が報道された週に、アメリカでは一斉に批難の声が上がり、ブッシュ大統領は「深く困惑した」(deeply troubled) と言い、ライス国務長官はアフガニスタンのカルザイ大統領に電話して「好意的な解決」を求めたという。しかし、この件を扱う裁判官は「外部の干渉には譲らない」と言っていた。だから、本件の解決は政治的な色彩が強かったと言える。

アフガニスタンの憲法改正委員会のアドバイザーをしていたジェイ・アレクサンダー・セアー氏 (J Alexander Thier) は、同日付の『ヘラルド朝日』紙に寄稿して、もっと詳しい事情を書いていた[18]。それによると、ラフマン氏は離婚訴訟中で、娘(複数)の保護引渡しを要求していたところ、それに反対する妻の家族が昔のことを持ち出して、十六年以上も前にイスラームからキリスト教に改宗したラフマン氏に養育の資格はない、と言ったそうだ。それを聞いた検事の一人が、背教の罪で同氏を訴追したらしい。イスラーム法は解釈の幅が大きく、狭く解釈すれば本件には死刑の判決もあり得るらしく、担当の裁判官は事前に被告の死刑の可能性を示唆していたという。

ここに宗教法の「解釈」という重要な問題が出てくる。宗教法の重要な部分は、「教典」とか「聖典」と呼ばれる書物に拠るところが大きい。そして、主要な宗教の教典は何千年も前の、現代とは著しく異なる環境において成立したものがほとんどである。しかし、そこに教祖の教えの〝源流〟や〝原点〟が〝雑《ま》じり気なしに〟記されていると考え、その言葉を文字通りに解釈すべきとするのが「原理主義」の立場である。アフガニスタンにも原理主義的な法解釈をする裁判官がいて、それに呼応する政治勢力もあり、このような出来事に発展したのだろう。

前述したセアー氏は、アフガニスタンの新憲法には一種の〝内部矛盾〟があることを指摘していた。この憲法は、イスラーム以外の「他の宗教の信者は自らの信仰を自由に実践し、法律の規定の範囲内で宗教儀式を行うことができる」と定めているし、国家が世界人権宣言の精神を遵守することを義務づけている。しかし、その一方で同じ憲法が、どんな法律も「イスラームの信仰と法に反してはいけない」と規定し、裁判官の法解釈に大きな裁量権を与えているという。だから、教典を狭く原理主義的に解釈することで、憲法で許された基本的人権が制限されるという今回のような問題が発生する余地があるのである。

原理主義的に解釈しなければ、今回の問題もうまくクリアできるようだ。セアー氏によると、エジプトの穏健なイスラーム法学者などは、「棄教」は犯罪であるかもしれないが、その償いの期間に制限はない——つまり、神の意志に従うのは個人であって、国家はそれを無理強いできない——との解釈をしているという。多分、死後のことは神のみぞ知るということだろう。

同じ『ヘラルド朝日』紙に掲載された別の記事[19]によると、「棄教には死を」という考え方を支持するイスラーム法学者は、その根拠について、ムハンマドの言行録である『ハディース』の中に、信仰を変えるものは殺されるべきだとの言葉があるからだという。しかし、より上位の教典である『コーラン』の中には棄教について書かれた箇所はあるものの、決して「死刑に処すべし」とは書いてない。だから、イスラーム国において改宗者が死刑になることはむしろ珍しいそうだ。最近の例では、一九八五年にスーダンで一件、八九年と九八年にイランで計二件、そして九二年にサウジアラビアで一件だけという。イスラーム諸国にも改宗者は多くいるはずなのに、なぜ『ハディース』が守られないか――その理由について、カリフォルニア大学ロサンゼルス校（UCLA）のイスラーム法の専門家、カリード・アブ・エルファドル氏（Khaled Abou El Fadl）は、「それは宗教に強制があってはならないと書いてある『コーラン』に、明らかに矛盾するからです[20]」と言う。

数多くのイスラーム法学者が互いに異なった解釈をする――これが、イスラームの一つの大きな問題のようだ。イスラームには〝ヴァチカン〟がない。この事実は、その土地の、その時の事情に合わせた柔軟なイスラーム法解釈を可能にする一方、今回のような混乱や

〝非常識〟を生む温床ともなるのである。宗教における「解釈」の問題が、いかに難しいかを教えてくれる一件である。

4　イスラームはどうなっている?

二〇〇六年八月十一日のトップニュースは、イギリスからアメリカに向う旅客機の爆破テロを未然に阻止したというロンドン警視庁の発表だった。9・11テロを上回る六〜十機の爆破計画を数カ月にわたって内偵していたところ、一気に危険な状況になってきたため、一斉摘発を実行し二十数人を逮捕したという発表だ。まだ逃亡中の実行犯もいる関係から詳細な情報は伏せられているが、例のごとく「アルカイーダの関与」の可能性が言われている。また、爆破方法は、ペットボトルに入れた二種類の液体を機上で混ぜ、使い捨てカメラのストロボ発火装置に連結して爆発させる——などと、かなり具体的だ。もしこの方法が本当に計画されていたならば、これは自爆テロに違いない。拘束された容疑者のほとんどはパキスタン系イギリス人というから、ロンドン・テロと同じ「先進国で生まれ育ったイスラーム系青年」によるテロ計画ということになる。

八月十一日といえば、日本はちょうどお盆休みの〝民族大移動〟のピークにあるが、今後は飛行機での移動はかなりの不便を伴うことになりそうだ。私はその前の夜、青森空港から羽田まで飛んで帰ってきたが、その際、フライトの時間が三十分ほど遅れた。これもこの事件と関係があるような気がした。しかし、機上でまだペットボトル入りのお茶が飲めたことは幸いだった。

「イスラームは危険な宗教である」というメッセージが、またまた世界中に発信されてしまった。日本のような非イスラーム国では、「一部の過激派は暴力的でも、イスラームの大多数は平和愛好である」という従来の言い方が、だんだん説得力をもたなくなってきている。これは大変残念なことだ。イスラームの信奉者は、今こそ「イスラームはテロを容認しない」という明確なメッセージを大々的に世界に向けて発信してほしい、と私は心から願うのである。9・11の際にそれがなかったことが、イスラーム全体に対する大きな誤解を生み出したことを思い出してほしい。

私は前章で「イスラームに〝ヴァチカン〟はない」ことを書いた。それは、イスラーム社会内部では、数多くのイスラーム法学者が互いに異なった解釈をしても、いずれの解釈も認められるということを、キリスト教の経験に当てはめて表現したものだ。イスラームには、中心となる宗教的権威がないのである。言い方を変えれば、イスラームは中央集権的な宗教組織ではないということである。このことは、その土地の、その時の事情に合わせた柔軟なイスラーム法解釈を可能にするという意味では美点であるが、その反面、アルカイーダのようなイスラーム内部の〝異端〟を批判できないという意味で、イスラーム全体にとって大きな欠点ではないかと思う。

部外者である私がこんなことを言っても、イスラームの信奉者には「余計なお世話」と言われるかもしれないが、イスラーム内部にもこのことを危機感をもって訴えている人はいるのである。ＵＣＬＡ[21]でイスラーム法を教えているカリード・アブ・エルファドル氏は、二〇〇五年に出版した『*The Great Theft: Wrestling Islam from The Extremists*[22]』の中で、今日のイスラーム社会に於いては法解釈の権威が危機に瀕しており、混乱の極みにあることを、次のように描いている：

これらのイスラーム法学者の意見は信者にとって説得力はあるが、義務を与えたり法的拘束力をもつものではない。法学者の意見は一般に〝ファタワ〟(fatawa) と呼ばれていて、ある特定の個人の特殊な問題について出されることもあれば、公的な問題について出されることもある。伝統的には、一人の法学者がファタワを出す資格を得るためには、一定の厳しい条件が定められていた。また、問題が深刻になればなるほど、それについてファタワを出せる人の資質は高くなければならなかった。現代に於いては、そういう資質や資格を守らせる機関の権威は失墜してしまったか、あるいは全くなくなってしまった。だから今日、法的あるいは社会的な制約がない中で、実際には誰でも自分をイスラーム法学者だと宣言し、ファタワを出すことができるのである。

（二八〜二九頁、拙訳）

このことに加え、現代ではインターネットによって誰でも簡単に、世界に向けて自分の意見を発表することができるという現実を考えてみよう。そういうコンピューターの操作やソフトウェアの製作に長けているのは、イスラーム法学者などの宗教の専門家や伝統的な教育を受けた年長の人々であるよりも、科学者やエンジニア、情報科学の専攻者などの比較的若い人々である。今、そういう人々がウェブサイトを開設し、自称イスラーム法学者として、そこにイスラーム法にもとづくファタワを発表しているとしたら、いったいどうなるだろう？　かつてムハンマドの風刺画がヨーロッパの新聞や雑誌に発表されてから、世界中で大混乱と暴動が起こったが、その原因の一つに、このようなイスラーム内部の問題が関係しているような気がしてならないのである。

ワッハーブ主義とは

ロンドンでの発表の翌日、イギリスで摘発された航空機爆破テロ未遂事件の主犯格の容疑者は、イスラーム原理主義組織アルカイーダの工作員である疑いが強いと、パキスタン外務省が発表した。この容疑者はすでにパキスタン当局に拘束されていて、名前はラシド・ラウフという二十六歳のパキスタン系イギリス人だという。発表によると、ラウフ容疑者は「アフガニスタンを拠点とするアルカイーダとの関係を示す証拠がある」(『朝日新聞』八月十二日夕刊) といい、パキスタンのシェルパオ内相はロイター通信に同容疑者のことを「国際テロ組織アルカイーダの工作員」と明言した (『日本経済新聞』同十二日夕刊)。これが事実ならば、今回の事件はアルカイーダの直接の関与によるものということになる。

アルカイーダの指導者、オサマ・ビンラディンは、スンニ派の中でも聖典の字義通りの解釈を重んじるワッハーブ派に属することは、様々なところで指摘されている。原理主義の特徴の一つは、この「聖典の字義通りの解釈」という点にあり、万教帰一を掲げる生長の家とは基本的に相容《あいい》れない。このことは拙著『信仰による平和の道[23]』にやや詳しく書いた。そこでここでは、ワッハーブ派のどこがどのように原理主義的であるかを、前述したエルファドル氏の著書から引用しながら紹介しよう。

エルファドル氏は、今日のイスラーム社会では〝穏健派〟(moderates)と〝厳格主義者〟(puritans)の考え方の対立がどの国にもあり、またスンニ派とシーア派[24]という二大宗派の内部にも、同じ考え方の対立が存在すると指摘している。ワッハーブ派は、この中の〝厳格主義〟の運動に最も大きな影響を与えている宗派の一つだという。彼によると、「タリバンやアルカイーダなど、国際的問題を起こした悪名高いイスラームのグループは、どれもがワッハーブ主義の大きな影響を受けてきた」。この思想は、十八世紀のイスラーム伝道師ムハンマド・イブン・アブドゥルワッハーブ(一七九二年没)によって生まれたもので、趣旨をごく簡単に言えば「イスラーム信仰者はイスラームの真っ当な道から逸《はず》れて間違った道を進んでいる。だから、神に喜ばれ、受け入れられるためには、唯一の正しい道に立ち帰る以外にない」というものである。

この〝唯一の正しい道〟とは、イスラームの教えに混ざったすべての不純物――神秘主義、合理主義、シーア派的思想を含む異端的、異教徒的要素のすべて――を取り去ることによって実現すると考えるのである。近代合理主義の考え方は、日本を含む世界のほとんどの国を大きく変容してきたが、ワッハーブ主義はそれを排除するだけでなく、理性を重んじるシーア派の考え方もスーフィズム(神秘主義)も敵視して、『コーラン』その他の聖典に書かれた言葉を唯一の根拠として、公私すべての問題の解決を図ろうとするものである。この考え方では、預言者ムハンマドが聖典で説いたことを字義通りに解釈・実行し、正しい儀式や行を実践することによってのみ、純粋で、真っ当な本物のイスラームに回帰することができると考えるのである。言い換えれば、この方法と考え方を採用しなければイスラーム社会に明日はないのである。

ワッハーブ派によると、イスラーム法における「解釈の多様性」こそが、イスラーム社会を分裂させ、後進性と弱さを生み出してきたとされる。こうして、ワッハーブ思想に至って、「解釈の多様性」を認めてきたイスラーム法の長い伝統は崩れ去るのである。その代わり、「本当のイスラーム」か、さもなければ「不信仰者」かという二者択一的思考が起ち上がる。エルファドル氏によると、「アブドゥルワッハーブは、イスラーム信仰者に中間の道はないことを一貫して強調した。すなわち、イスラーム信仰者は〝本当の信仰者〟でなければ〝不信仰者〟なのである。そしてもし、本当の信仰者でなければ、ワッハーブはその人を異教徒と見なし、それに相応《ふさわ》しく取り扱うことを躊躇《ちゅうちょ》しなかった」(25)という。

このように見てくると、ワッハーブ派の考え方は、私が『信仰による平和の道』で紹介した北アメリカのキリスト教原理主義の四つの特徴(26)のうち、二つと完全に一致する。つまり、①聖典の無謬《むびゅう》性と文字通りの解釈を主張する、②自分たちと他の教派とを対立的に見る、の二つがここに見られるのである。

聖典のつまみ食い

イスラームの開祖、ムハンマドが誕生したのが西暦五七〇年、四十歳で啓示を受けて二十三年間を預言者として活動し、六十三歳で没した。それから千四百年近く経過した二十一世紀の現代に於いて、原理主義を唱えることが本当に可能かという問題がある。これと同じことは、仏教にもキリスト教にもユダヤ教にも言えるだろう。千年以上も前に成立した「聖典の無謬性と文字通りの解釈」は、言葉の厳密な意味では不可能である。しかし、自分たちはそれを実行していると「主張する」ことはできる。「では、実行している証拠を見せろ」と言われれば、「ここにこう書いてあるから、我々はこうしている」と指し示すところまではできるだろう。しかし問題は、そこから先である。

世界宗教と呼ばれるものは皆、千年以上の歴史がある。その間、開祖が直面しなかった問題が無数に発生している。しかし、開祖が説かなかったからという理由で深刻な問題を無視することはできない。だから、その時々の宗教指導者たちは、開祖の説いた教説から「類推」して、新しい問題への対処の仕方を導き出し、それを宗教の教えの中に組み入れていく。また、開祖が説いたとされる教説や、開祖や直弟子の言行録の中にも、文字通りに解釈すると互いに矛盾するものも多く存在する。その場合、時々の宗教指導者たちは、「文字通りの解釈」から離れて教説に矛盾しないような「新しい解釈」を導き出し、現実に起こる具体的問題に対処するのである。そういう地道で、困難な作業を世界宗教は延々と継続しながら、人々の要望にできるだけ応えてきた。原理主義とは、このような「開祖」と「現代」の間に横たわる千年以上の宗教的営みを省略して、いきなり現代の要望に応えようとするものだから、大変無理が多い運動であると言える。

この無理な点を無理なく見せるために使われるのが「聖典の選択的利用」である。「聖典のここにこう書いてあるから、こうしている」と指し示すことができたとしても、「別のところには別のことが書いてあるが、どうすればいいか?」との質問には答えないか、または「その箇所は今回の問題と関係がない」と言って無視するのである。これをエルファドル氏は「聖典の文献的証拠を選択的に読むこと」(27)（selective reading of the textual evidence）と言っている。原理主義者にそれが可能なのは、これまでの長い歴史の中で積み上げられてきた宗教の伝統の大半を否定することで、そこから自由になり、恣意的に聖典の〝つまみ食い〟ができるからである。

もっと具体的に言うと、ワッハーブ派のイスラームは、十八世紀にはオスマントルコに反対してアラビア的でないものはすべて真のイスラームではないと主張したが、その実、イスラーム国であるオスマントルコの勢力を弱めようとするイギリス植民地主義者の支援を受け、その手の中に落ちていた、とエルファドル氏は指摘する。ワッハーブ主義者の言う〝純粋性〟とか〝純潔〟というのは、結局、その思想が生まれたアラビアの一部（現在のサウジアラビア）のベドウィン的文化を意味するのだ、と彼は次のように言う：

根本的なことを言えば、十八世紀のワッハーブ主義はナジディのベドウィン文化を採用し、それを普遍化して「本当のイスラーム」だと主張したのに対し、今日のワッハーブ主義はサウジアラビアの文化を摂《と》ってそれを普遍化し、「唯一の真のイスラーム」だと主張しているのである。

（前掲書、五三頁）

十八世紀のワッハーブ主義とイギリス植民地主義の関係を聞いて思い出すのは、現代のワッハーブ主義の尖兵であるオサマ・ビンラディンが、忌《い》み嫌《きら》ったはずのアメリカの支援を受けてアフガニスタンに侵攻したソ連軍と戦ったという事実である。それが次には9・11などでアメリカを攻撃し、今はアメリカから命を狙われている。これが「平和を愛する」はずの〝唯一の真のイスラーム〟だと主張する不毛さは、誰の目にも明らかである。いったい何が問題なのか——この問いへの答えの一つが「原理主義」であることも明らかだろう。

オサマ・ビンラディンの世界観

これまでの考察で、イスラームのスンニ派に属するワッハーブ派の考え方は原理主義にもとづいており、そのためにイスラームの千年以上の伝統を省略して、聖典の選択的利用と字義通りの解釈によって、複雑な現代の問題に解決の道を見出そうとしていることを述べた。しかし、ここに困った問題が一つある。それはアルカイーダの活動の背後にこのワッハーブ主義があるだけでなく、彼らの出身国・サウジアラビアはワッハーブ主義にもとづいて建国された国だということである。「困った」という表現が分かりにくいなら、「事態は簡単に説明できない」と言った方がいいかもしれない。あるいは「矛盾に満ちた」と言うべきだろうか？

簡単に事実だけを挙げれば、こうなる――ワッハーブ主義に於いては、西洋の文化・文物はできるだけ排除して純粋なイスラーム国家を建設すべきところだが、サウジアラビアはアメリカの同盟国であり、大量の石油をアメリカ等の西洋諸国に輸出していて、その見返りに莫大な富と強大な軍備（大半がアメリカ製）をもち、あまつさえ米軍基地を抱えている。これらはサウジ政府が、厳しい国際情勢の現実の中で〝国益〟を優先して進めてきた外交政策の結果であって、必ずしも宗教的信条やワッハーブの教えにもとづいていない。しかし、純粋なイスラームの若者の目から見れば、「国は国教を棄てた」とか「王族は信仰をすてて私腹を肥やしている」「国はアメリカの傀儡《かいらい》政権に乗っ取られた」などと見られる可能性は十分にある。

イスラーム研究者の保坂修司氏は、『正体――オサマ・ビンラディンの半生と聖戦(28)』という著書の中で、オサマ・ビンラディンが一九九六年八月に出したアメリカへの〝宣戦布告〟の文章を紹介しているが、そこには次のような一節がある：

イスラームの民がシオニスト・十字軍連合およびその同盟者によって科された攻撃、不法、不正に苦しめられてきたことは明らかにされねばならない。ついにはムスリムの血は安価になり、彼らの富は敵の手の中の戦利品となるにいたった。彼らの血はパレスチナやイラクで流されている。レバノンのカナでの虐殺の恐ろしい映像は依然としてわれわれの記憶に新しい。タジキスタン、ビルマ、カシミール、アッサム、フィリピン、ファタニ、オガディン、ソマリア、エリトリア、チェチェン、ボスニア・ヘルツェゴビナでも虐殺が起きており、それらは身体や良心を揺さぶるものである。世界はこのすべてを見て、そして聞いていながら、こうした暴虐行為に対し何ら反応を示していない。それどころか、アメリカとその同盟者たちのあいだの明白な陰謀で、不法な国連の傘のもと、これら拠りどころのない人びとはみずからを守るための武器を獲得することすら禁じられたのである。イスラームの民は覚醒し、彼らがシオニスト・十字軍連合の攻撃の主たる対象であることに気づいた。

（一四九〜一五〇頁）

この文章は全体の一部にすぎないが、ここには航空機を使った前代未聞の自爆テロ事件を指導した人間の世界観がよく表れていると思う。まず全体を流れているのは「世界は二分されている」という認識だ。強大な「シオニスト・十字軍連合とその同盟者」が、不幸な「ムスリム」（イスラームの民）の血と富を奪う戦いを仕掛けている。その他の世界は傍観しているだけだ、というのである。「シオニスト」とはユダヤ教を信仰する人々であり、「十字軍」はもちろんキリスト教徒のことである。「イスラエル」と「アメリカ」という国名を使っていないということは、オサマが国際関係を国と国との関係としては見ておらず、宗教勢力と宗教勢力の関係として捉えている証拠である。そういう色眼鏡で世界を見ると、「ムスリム（イスラム教徒）はユダヤ＝キリスト教徒連合軍の攻撃にさらされている」との単純明快な善悪二元論によって、世界情勢は理解・納得できる。だから、世界中のムスリムはあらゆる犠牲を厭《いと》わず、イスラーム共同体のために戦え――そういうメッセージだ。

私は二〇〇五年六月二日のブログで、「〝悪魔化〟は戦争への道」(29)と題し、戦争の前には相手の〝悪魔化〟が必ず起こると書いた。人間は「感情移入」の能力を備えている点で他の動物と本質的に異なる、と言われてきた。最近、この能力がネズミにもある可能性を示唆した研究が発表されて話題になったが、しかしあったとしてもごく原始的なものらしい。だから、人間は自分の戦う相手を〝悪魔化〟する過程を経なければ、戦争などできない。イスラーム原理主義者も同じ人間であるから、上記のような〝悪魔化〟をして初めて大量無差別テロが可能となった。宗教の教義の中に善悪二元論が色濃くある場合、あるいは色濃く出てきた場合、その宗教は戦争に向っていると考えるべきだろう。それはイスラームのみならず、一神教の原理主義が共通して内包する問題である。

メディアの影響力

これまでの議論では、イスラームのスンニ派中のワッハーブ派の思想と、その信奉者であるオサマ・ビンラディンの考え方を追ってきたが、イギリスで摘発された旅客機爆破未遂事件の容疑者については、その動機を考えるに至っていない。その主たる理由は、容疑者に関する詳細が不明であることによるが、「推測」のレベルでは何が言えるだろうか？

私は二〇〇五年七月にロンドンで起こった同時多発テロに関して、本書の冒頭でやや詳しく考察した。その時の結論は、イスラーム原理主義による自爆テロが起こる背景には、その思想中にある「対照化」の考え方と、実行犯の心中の「自己破壊」願望が大きな役割を果たしており、若い彼らはこの二つの力を得て「失われかけたイスラム教徒としてのアイデンティティーを獲得する」ために自爆テロへ走った――というものだった。ただし、この結論とは必ずしも一致しない分析やグループ心理学に原因を帰する見解も紹介した。そして、メディアがリアルな惨劇の映像を繰り返し報道することが、(その意図とかかわりなく)自爆テロ実行の環境を整えている可能性も指摘したのである。

メディアの影響力という点では、先に引用したオサマの対米宣戦布告の文章そのものが、マスメディアを通して世界中の〝虐殺〟を読者が見聞きしていることを前提としている。これに加えて、「マス」でないメディア、つまりインターネットの影響力を考えれば、一人の人間がテロ実行に至るまでの過程には、相当複雑な情報の流れが関係していることが伺える。

とは言っても、二〇〇六年八月の未遂事件の背後にはアルカイーダの影響があることは、どうやら事実のようだ。その月の十六日付の『朝日新聞』はイスラマバード発の記事の中で、アルカイーダと関係が深い原理主義組織タリバーンの関係者が、「一年ほど前からアルカイーダの軍事訓練所にイギリス国籍の若者グループが頻繁に出入りしていた」と証言したことを伝えている。ただし、今回逮捕された特定の人物がそこにいたという話ではない。が、軍事訓練所はパキスタンとアフガニスタンの国境付近にあり、今回の事件の主犯格と目されているラシド・ラウフ容疑者(26)の出身地はカシミール地方。その弟のタイブ・ラウフ（22）も容疑者としてイギリスで逮捕されている。パキスタンのアフガンとの国境はカシミールに近いとは言えないが、軍事訓練所ではカシミール地方の過激派メンバーがイギリス人グループに付き添っていたというから、そのグループがカシミールと関係がある可能性はある。

あくまでも推測の域を出ないが、私は二〇〇五年七月のロンドンのテロが、この旅客機爆破未遂事件の背後にあるような気がする。ロンドンでの事件は、アルカイーダなどのテロ組織とは直接関係のない〝アマチュア〟の犯行だとされている。そうであったとしても、それはイギリス国籍のイスラーム信奉者に多大な衝撃を与えたはずだ。恐らく多くの穏健派は「テロ非難」で一致しただろうが、少数の原理主義的イスラームの影響下にある若者は、この事件を目の当たりにして「先を越された」とか「自分にも何かできるはずだ」と考え、〝プロ〟を志して軍事訓練を受けに海外へ渡った——そんな経緯が考えられるのである。

日本の特攻隊の精神を忘れてしまった日本人にとっては考えにくいことかもしれないが、イスラーム原理主義においては、殉教は善であるだけでなく、それによって来世で最高の楽園が約束されている。『コーラン』の「ムハンマド」の章第四〜六節には、次のようにある：

アッラーの道に斃《たお》れた者の働きは決して無になさりはせぬ。きっと御自ら手をとって、その心を正し、前々から知らせておいて下さった楽園にはいらせて下さろう。

（第四七章「ムハンマド」四～六節）

民主主義は偶像崇拝

私はすでに、ワッハーブ派の原理主義的考え方がオサマ・ビンラディンの思想の基盤にあることを説明した。が、実際にオサマが、自分に影響を与えた人物として名前を挙げているのは、ワッハーブ思想を現代に適用した人々である。先に挙げた保坂修司氏と中東研究家の藤原和彦氏によると、それらはムハンマド・クトゥブとアブドゥッラ・アッザーム、それからイブン・タイミーヤである。ここでは、この中の最初の人物について重要だと思う点を述べよう。以下、藤原氏の言葉の引用は、『イスラム過激原理主義——なぜテロに走るのか[30]』からである。

ムハンマド・クトゥブについて重要なのは、彼自身というよりは彼の兄、サイイド・クトゥブ(31)という有名なエジプト思想家のことである。サイイド・クトゥブはムスリム同胞団の理論家で、一九五四年のエジプトのナセル大統領暗殺未遂事件をきっかけに捕らえられ、一九六六年に処刑された。オサマは、サウジアラビアのアブドゥルアジーズ国王大学でサイイドの弟のムハンマドから教えられたか、あるいは著書を読んだらしい。そのサイイドの思想で有名なのが「ジャーヒリーヤ論」である。これはサイイドが長期の獄中生活の中で煮詰めた思想で、藤原氏によると「今や過激原理主義運動全体の中核思想となった(32)」という。

「ジャーヒリーヤ」とは、「無知」「無明」という意味のアラビア語である。イスラーム社会にあっては、この言葉は開祖ムハンマドが教えを立てる以前のアラビア社会のことを指す。七世紀のアラビアは部族社会で、部族の構成員はそれぞれの部族に忠誠を誓い、その部族の神を崇拝して現世的価値を求めていた。唯一絶対神を掲げるムハンマドにとっては、これは「偶像崇拝」以外の何ものでもない。ムハンマドは、こういう社会を否定し、唯一アッラーのみに帰依し信仰するイスラーム社会を建設したのだった。だから「ジャーヒリーヤ社会」は一二〇〇年前に消滅したというのが、イスラームでの常識だった。ところがサイイド・クトゥブは、世俗主義のナセル大統領支配下に投獄される中、自分のようなイスラーム信奉者が弾圧される社会は、神を畏《おそ》れぬ堕落した「ジャーヒリーヤ」社会だと断じたのである。この宣言により、イスラム教徒は、現代のイスラーム社会を「ジャーヒリーヤ」と認めるか認めないかの選択を迫られることとなり、もし認めれば、預言者に従って社会打倒の実際行動を起こす義務を負うことになるのである。

クトゥブの思想でもう一つ有名なのは「神の主権」という考え方である。これは、近代以降の西洋型民主主義の「主権在民」の考え方をまっこうから否定するものだ。藤原氏は、エジプトの原理主義思想家、アイマン・ザワヒリを引用して、この考え方を次のように説明している：

唯一神教(タウヒード)においては神に主権があり、立法は神の専権事項である。一方、民主主義は人民に主権があり、人民が立法者となる。したがって、民主主義とは、全権の神から立法権を簒奪《さんだつ》し、それを人民に与えているものにほかならない。また、民主主義は至高の神の権威に縛られることなく、神の専権である立法権を人民に付与することによって人民を神格化している。まさに偶像崇拝だ。民主主義とは、偶像崇拝の新しい宗教なのだ。

（前掲書、五六頁）

ウーム……と考え込んでしまう読者もいるだろう。一応、理論としては筋が通っているが、何か大切なものが欠けている。それは、神と人間との関係についての考察である。また、原理主義に特徴的な「二者対立」「善悪対立」の考え方が徹底している。「真正なイスラーム社会」は善であるが「ジャーヒリーヤ社会」は悪である。「神の主権」は善であるが、「人民主権」は悪である。善を実現するために悪を破壊せよ、という考え方である。

藤原氏によれば、クトゥブは信仰の篤い富農の家に生まれ、カイロ大学付属の高等師範学校で西洋型の教育を受けた後、教育省に就職、かたわら詩作や評論で活躍した。ところが四十三歳の時から二年間、アメリカへ留学したことが転機となって、急速に反西洋志向となり、ムスリム同胞団に加入した。これに加え、十年に及ぶ獄中生活の中で服役囚の虐殺事件などを目撃し、西洋と世俗社会への態度を硬化していったと思われる。彼の心中の二者対立の葛藤が、過激な二者対立の革命思想を生んだと見ることができる。

5　イスラームを悪魔化してはならない

〝テロとの戦争〟を指揮するアメリカ大統領ブッシュ氏は、9・11の五周年記念日を前にした二〇〇六年九月、十一月の議会中間選挙を共和党有利に運ぶための演説キャンペーンを行った。通常の場合、私は他国の大統領や首相が自分の選挙運動をどう戦うかについて注文をつけるつもりはない。しかし、その「他国」がわが国の最重要同盟国であり、さらに世界唯一の超大国である場合、その国の動向がわが国と世界の将来に大きな影響を与える可能性があるため、苦言を呈することは許されると思う。また、逆に沈黙することは、その可能性を容認することになるから、責任ある立場にある人間はしてはならないと思うのである。だから、これまでもブッシュ氏の世界観・戦争観や地球環境問題への姿勢について、私は繰り返し発言してきた。

国際政治でよく指摘されるのは、一国の大統領や首相が内政で困難に直面する時、〝敵〟

を外に作って危機感を煽《あお》ることで、国内を団結させ困難を乗り越えようとする手法である。これは政治の邪道であることは言うまでもないが、悲しいことに常道でもある。そしてこの手法は、国際関係だけでなく、企業や団体の運営にも使われることがある。これが問題なのは、本当の問題は内政（つまり、自分の失政）であるにもかかわらず、国民の目を外へ向けさせ、〝外敵〟を作り上げることによって、その外敵が〝仮構〟から〝本物〟になる道を開くことになるからである。生長の家の用語を使えば、これは言わば「心の法則」の逆用である。〝敵〟や〝悪〟を心で認めれば、それが如何に仮の存在であっても、現象的にはいよいよ明らかに現れてくるのである。

私は二〇〇五年六月二日のブログ(33)で、その手法の一バリエーションを〝悪魔化〟という言葉で表現した。これは私の造語ではなく、「demonization」という立派な英語の翻訳である。その際、アメリカ国内でこの悪魔化が北朝鮮に対して行われていることを指して、それは心理的な戦争準備だから、危険信号であると言った。なぜなら、「悪魔化は、自分と同類の人間を攻撃することに対する心理的抑制のタガを緩める。それは国民の心を戦争へ、戦闘へと向わせる。相手に対する同悲同慈の思いを弱める」ための心理的操作だからだと書いた。そして、かつての日米戦争の前にも、これと同じことが行われたことを指摘した。

第二次大戦後に起こった「冷戦」の前にも、外敵を作り、危機感を煽る動きが起こった。それはジョージ・ケナン氏（George F. Kennan）がアメリカの外交専門誌『フォーリン・アフェアーズ』（*Foreign Affairs*）に書いた論文で、ソ連とアメリカの奉じるイデオロギーと価値観は互いに相容《あいい》れないから、アメリカはソ連を囲い込み、長期にわたってその膨張を封じ込める必要がある、と説いたのだった。つまり、〝外敵〟をまず心で作ることで、本当に外敵が現れたのである。これと似たことが、前世紀末から起こっている。それは、同じ外交専門誌の一九九三年七月号にハーバード大学のサミュエル・ハンチントン教授（Samuel P. Huntington）が書いた「文明の衝突論」を端緒にして、「西欧」「イスラーム」「儒教」などの〝文明〟間で衝突が起こるとする考え方が打ち出されたからである。そして、今日の現実がこれに続いている。

前置きが長くなってしまったが、ブッシュ大統領のこの時の演説キャンペーンの問題点を述べよう。ブッシュ氏は二〇〇六年八月三十一日、ユタ州での保守派の集まりである在郷軍人会で演説を行ない、「西欧」と「イスラーム」をイデオロギーの対立という視点でとらえ、さらにこの二大勢力の関係を「民主主義」と「ファシズム」、あるいは「自由主義」と「共産主義」に対応させせた。そして今日、〝テロとの戦争〟をやめよと言う者は、ナチの台頭を前にして手を打たなかった昔の過ちの二の舞いを踏む、と批判したのである。

もちろんブッシュ氏は、イスラーム信奉者すべてを「ファシスト」と呼んだのではなく、「自由社会はイスラームの曲解者（their twisted view of Islam）にとって脅威である」という表現を使った。しかし、本書の前節でも述べたように、イスラーム社会には何が〝正統〟で何が〝曲解〟かを判別する基準も機関もない。とすると、ブッシュ演説を聞いたイスラーム信奉者たちは、直接自分のことを言われたと思わなくても、自分の仲間を敵視されたと思うだろう。さらにこの演説の中では、〝自由の敵〟として「アルカイーダ」「レバノンのヒズボラ」「イラクの反乱者」が名指しされているが、第一はスンニ派（ワッハーブ主義者）、第二はシーア派、第三はスンニ派とシーア派の双方を含む。つまり、現代のイスラームの主流全体を指しているとも解釈できるのである。

この時の演説キャンペーンは、国内で評判が悪いイラク戦争を正当化し、イラクからの撤退を唱える民主党に対抗して、過去の〝テロとの戦争〟が第二次大戦や冷戦と同様に〝善〟と〝悪〟との必要な戦いであるとして過去の記憶を喚び起こさせ、中間選挙を有利に戦おうとする「内向き」のものだろう。しかし、「内部を固めるために外部に敵を作る」という愚策を用いてしまった。そのため、この道をさらに進めば、外部に本当に〝新たな敵〟を作ることになるかもしれないのである。「現象世界は心でつくる」という事実を、ブッシュ氏に伝える方法はないものだろうか。

6 映画『ユナイテッド93』

二〇〇六年九月六日、私は妻と二人で日比谷に映画を見に行った。『ユナイテッド93』(34)である。これは一度、八月の公開直後に見ようとして映画館まで行ったが、あまりの混雑で席が取れなかったものだ。が、九月の時は館内の人は疎《まば》らだった。９・11の五周年までに見ておきたかったのである。

映画が現実を正確に反映しているかどうかの問題はあったが、ブッシュ氏の〝テロとの戦争〟を批判してきた私としては、そのテロの〝現場〟を知らないことに負い目を感じていた。映画の感想をひと言で表せば、「大統領の気持はよく分かる」ということになる。あれだけの〝奇襲〟を受け、大統領自身、身の危険を感じて専用機で空へ逃れたのだが、その後、彼がアメリカ国民の怒りを体現して武力行使に出たとしても、無理はないと感じた。座席に釘付けになったまま、一時間五十一分がたちまち過ぎた。

9・11にはアメリカ国内で四機がハイジャックされたが、そのうちテロリストの目標を外して墜落した唯一機が「ユナイテッド航空93便」である。乗客乗員が一丸となってテロリストと戦い、目的達成を阻んだのである。機内での心身両面の戦いはもちろん壮絶だったが、私の印象に残ったのは、連邦航空局指令センター内の様子である。ここは、アメリカ上空を飛ぶ約四千五百機の航空機の情報をリアルタイムでモニターし、全米二十カ所以上の航空交通管制施設と連絡を取りながら、安全運行のために必要な措置をとる場所だ。そこに並ぶ何十台ものスクリーンから、機影が一つ消え、二つ消える。その理由を知ろうと管制官がマイクを握る、叫ぶ、連絡に走る。まったくの混乱が、後に続く。

映画では当時、同センターの総指揮をとっていたベン・スライニー氏本人が、自分役で出演している。それだけでなく、他の管制官や軍関係者が何人も出演しているから、ポール・グリーングラス監督（Paul Greengrass）の意図が、当時の実際の状況をできるだけ忠実に再現することにある、と分かる。スライニー氏も、「監督からの要求は正確さを極めることでした。ですから内容は事実そのままです」と言う。そして、このシーンで描かれているのは、当時、アメリカ中の管制官も、空軍関係者も、ハイジャックの目的が身代金ではなく、自爆テロであることを全く予想できなかったという点だ。

映画中のテロリストのことに触れよう。前節にも書いたが、ブッシュ氏は、これまで一貫して〝善〟と〝悪〟を対立させた世界観を披露してきたが、この映画は違っていた。別の言い方をすれば、グリーングラス監督はテロリストを〝悪魔化〟していなかった。私はこの点に好感がもてたのだが、反面、その暗示することの重大さに震撼《しんかん》させられた。ユナイテッド93便のハイジャック犯は四人だが、みな敬虔でストイックなイスラーム信者として描かれている。また、上官の指令通りに任務を実行しようとする「兵士」の趣きもある。乗っ取りの際は、迅速、無慈悲に行動するが、乗っ取り機が任務を完遂できるかどうかに不安を感じ、神に祈り、恐怖に顔を引きつらせる。彼らが乗っ取り機の前方で身を震わせて神に祈るとき、同じ機内の後方では、テロリスト制圧の成功を神に祈る乗客・乗員の姿がある。

神への信仰が、人間の不安を和らげ、希望を与えるために大きな役割を果たしていることがよく分かる。しかし、善悪の対立が先鋭化した状況においては、神への信仰は戦いを正当化し、必然化する大きな力となる。だから、単に「神を信じる」だけでは、平和は必ずしも実現しない。神が人間の良心や理性を認め、祝福される存在か、あるいは人間の良心や理性に対して沈黙を要請する存在か、この点を信仰者は深く考察する必要があるのである。

最後に、この映画に日本人が出てくることについて一言——彼はもちろん俳優だが、実際のユナイテッド93便にも「久下季哉《くげとしや》」という日本人の青年が一人乗っていた。当時、早稲田大学理工学部二年生で、二〇〇〇年二月に英語研修でユタ大学に一カ月学び、翌年八月、周遊旅行のため再び渡米してカナダへも足を延ばした。現地の大学の様子を見聞する目的もあったといい、九月十一日、帰国のためにニューヨークからサンフランシスコへ向うこの機に乗った。一九七〇年代の後半、アメリカを一人で旅した私自身の記憶が蘇ってきて、胸が締めつけられる。私がその機に乗っていたら、いったい何を考え、何をしただろうか……。

7　ローマ法王の失言

二〇〇六年九月、ローマ法王、ベネディクト十六世が故郷のドイツに〝里帰り〟し、かつて自らが教えた大学で講演をした際、イスラームのジハード（聖戦）の思想を批判した言葉が、イスラーム社会で反発を招んだ。法王はこの時、「ジハードの思想に体現された暴力は、理性と神の意志に反する」という意味の発言をしたらしい。

私は当初、法王の講演の全文を読んでいなかったので確かなことは分からなかったが、九月十四日付の『ヘラルド朝日』紙によると、法王は理性（reason）を信仰よりも重視した世俗化（secularization）がヨーロッパの社会と思想・哲学に広がりつつあることを憂慮し、このように理性を至上化するだけでは、世界の真の姿を知ることはできないし、信仰を最大の価値とする他の文化と対話することはできない、と述べたかったようだ。ところが、イスラームについて言及する際、法王は十四世紀のヴィザンチン皇帝、マニュエル二世パライオロゴスの言葉――「ムハンマドの教えで何か新しいものがあるとしたら、それは自分の説く教えの宣布を暴力と剣によって行うというような、悪と非人間性しか見当たらない」を引用し、暴力によるイスラームへの改宗は理性に反するものであり、したがって神の本性に反するものだ、と述べたという。

法王の講演でイスラームに触れた部分は、段落にして三つ分の長さだったが、この箇所がメディアを介して世界中に伝わったため、イスラーム社会の怒りを買ったのだ。

九月十六～十七日付の『ヘラルド朝日』は、イスラマバード発のＡＦＰ通信の記事を掲載し、パキスタン議会が法王に対してイスラームと暴力を結びつけた発言を撤回するように、全会一致で決議したと伝えている。この決議文で、パキスタン議会は「宗教間の平和のために法王は発言を撤回すべきだ」とし、「ジハードの思想と預言者ムハンマドに対する法王の侮蔑的発言は、イスラーム世界全体の感情を傷つけ、二つの宗教間に悪感情を広げる危険を生んでいる」と非難したという。

同紙はこのほか、一九八九年以来、インドからの分離独立を目指すカシミール地方のイスラーム武装組織がストライキを呼びかけたことや、イギリス北部の都市、ロシデールを拠点とするイスラーム組織「ラマダン基金」(Ramadan Foundation) が反対声明を出したことを報じている。同基金は声明で、「故ヨハネ・パウロ二世は、二十五年をかけてイスラーム社会との橋を築き、世界が抱いていたイスラーム観は間違いであり、イスラーム信仰者は平和を愛する人々だと示してきた」にもかかわらず、「現在の法王は、前任者を模範としないことに我々は落胆した」と述べたという。

法王のスポークスマンであるフェデリコ・ロンバルディ師（Reverend Federico Lombardi）は、「法王は宗教による暴力に反対しただけで、イスラームの教えを尊敬している」という意味の声明文を事後に出したが、それだけでイスラーム社会の不満が収まるとは思えなかった。

本書の第二部ではイスラームの教えについて詳しく触れているが、イスラームの信仰が理性とはかけ離れていると見るのは、明らかな間違いだ。すでに第一部でも、スンニ派イスラームのワッハーブ主義の考え方を説明した際、「ワッハーブ主義は（…中略…）理性を重んじるシーア派の考え方もスーフィズム（神秘主義）も敵視して、コーランその他の聖典に書かれた言葉を唯一の根拠として、公私すべての問題の解決を図ろうとするもの」（五五頁）と書いた。だから、シーア派のイスラームは理性を尊重しているのであり、「理性」を明確にイスラームの法源として認めている。ローマ法王がそれを知らないとは考えられず、もし見落としていたならば、それを法王のスピーチ・ライターや側近がダブルチェックできなかったのだろうか？　とにかくこの法王の失言の原因は、私には理解できなかったのである。

発言の経緯

その後、この問題発言について、法王自身が〝遺憾の意〟を表明したことは幸いだった。ヴァチカンは九月十四日に「法王は宗教的な動機による暴力を明確に、完全に否定することが最も大切だと考えている。ジハードやイスラム教の教義に関する踏み込んだ議論を意図した発言ではない」（十六日『朝日新聞』夕刊）という声明を発表したそうだが、これでは不十分だった。十八日付の『朝日』の報道によると、法王は日曜日の十七日、ローマ郊外の夏季離宮で恒例の「正午の祈り」を行った際、ドイツ訪問中の発言について、「一部の国々であった反応を非常に残念に思う」と述べ、預言者ムハンマドに対するビザンチン皇帝の言葉を引用したのは、「古い文献からの引用であり、決して私の個人的な考えを表現したものではない」と釈明したという。同紙は、法王本人による後日の釈明は「極めて異例」としている。

十八日付の『ヘラルド朝日』は、法王の弁明の言葉から三箇所を括弧でくくって次のように書いている：

「私がレーゲンスブルク大学で行った講義の一部について、いくつかの国で起こった反応に対して非常に申し訳なく思う。それはイスラーム信者の感情を傷つけると見なされたからだ」

「これらは実際は中世の文献からの引用であり、いかなる意味でも私の個人的考えを表明したものではない」

「これによって人々の心が和らぎ、私の発言の本当の意味が明らかになることを希望する。それは、全体を捉えれば、相互の尊敬を通して率直で真剣な対話を呼びかけるものである」

先に、私はこのような不注意な発言がどうして起こったか分からないと書いたが、パリ発の『産経新聞』の記事（十八日付）に一つの答えらしいものがあった。それによると、「法王は一人で演説原稿を起草し、他の枢機卿《すうききょう》などが目を通すこともないという」のだ。この情報の出所は明示されていないが、法王の立場と仕事量を考えると、私にはにわかに信じられないことである。が、世界宗教のトップの指導者で、信者から〝神〟のように慕われている人が、自分の発言に対して「非常に申し訳ない」(I am deeply sorry)と述べることは、とても勇気がいることであり、称賛に値すると思う。だから、イスラーム圏の人々も怒りを静めて、キリスト教との「率直で真剣な対話」を進めてもらいたいのである。

ところで、本件に関しては九月十七日付の解説文が「カトリック中央協議会」のウェブサイト[35]に掲げられたが、それは新聞記事とは多少違うニュアンスをもっている。翻訳調の日本語が気になるが、「信者向け」の解説文なのかもしれない。以下にその一部を引用しよう：

教皇は、自分の講演の中のある表現が、イスラーム教徒の感情を害する意味でとられる可能性があったこと、また、それが自分の意図とまったく違ったしかたで解釈される恐れがあったことについて、心から遺憾に思っています。実に、教皇は、イスラームの人びとの熱心な宗教性を前にして、「神をないがしろにする態度、また、聖なるものを馬鹿にすることを自由の行使とみなすような冷酷な思想」をもつことを避けるよう、世俗化した西洋世界に警告したのです。

「聖なるものを馬鹿にすることを自由の行使とみなす」という件《くだり》を読むと、かつて大問題を起こしたムハンマドの風刺画事件のことを思い出す。そういう西側メディアの風潮については、カトリック教会もイスラーム世界も同じ考えであるということだろう。

発言の主意

その後、ベネディクト十六世がレーゲンスブルク大学で行った講義の全文を読む機会にやっと恵まれた。私は、〝問題発言〟とされた部分をよく読み、それからヴァチカンのそれに対する説明（釈明）を読み、結局、ヴァチカン側の説明は嘘でも言い逃れでもないことを知った。法王の講演は、場所が大学であり、聴衆が専門家であるという関係から、哲学や神学に対して詳しくない者にとってはとても難解である。しかし、法王はイスラーム全体を攻撃しているのではなく、むしろイスラーム社会と西洋社会との対話のためには、「神への信仰」が共通項として必要であるという点を強調している。そして、批判の対象となっているのは、むしろ神の存在を否定する西洋の世俗主義なのである。が、その反面、「法王はイスラームを敵視しているに違いない」という〝色眼鏡〟をかけてこの講義を読めば、そう読める箇所がいくつか発見されることも事実である。

だから、この件が国際問題になり、世界宗教の最高指導者が〝釈明〟しなければならない事態に至ったのは、マスメディアの報道姿勢が相当関与していると私は考えるのである。この場合のマスメディアとは、もちろん西側だけでなくイスラーム側も含む。つまり、「キリスト教とイスラームは対立関係にある」との一大前提のもとで取材し続けている人々の目から見れば、法王の大学での講義は「イスラーム批判」として映ったのだろう。「そう見えたから、そう伝えた」と彼らは言うかもしれない。が、それだけでは一流のジャーナリストとは言えない。いわゆる「裏を取る」というジャーナリズムの鉄則が、この時の報道の過程でどれだけ守られたか、私ははなはだ疑問に思う。

私がここまでに書いた文章は、そんな誤解にもとづく記事を元にしているため、不適切な表現がいくつか見られた。その点は、カトリック教会関係者の方々に謝らねばならない。その上で、私は「しかし……」と言いたい。なぜなら、法王の講義文には、イスラームの教えに関して余りにも「概括的」な表現が見られるからだ。つまり、数多くある例外には触れずに、例外でないものが全体であるかのような包括的な表現があるのである。例えば、次の文章がそれである：

すなわち、理性に従わない行動は、神の本性に反するということです。（中略）ギリシア哲学によって育てられたビザンティン人である皇帝にとって、この言明は自明なものでした。それに対して、イスラームの教えにとって、神は絶対的に超越的な存在です。神の意志は、わたしたちのカテゴリーにも、理性にも、しばられることはありません。クーリー[36]はそこで、有名なフランスのイスラーム研究者のR・アルナルデスの研究を引用します。アルナルデスは、イブン・ハズム[37]が次のように述べたことを指摘しています。「神は自分自身のことばにさえしばられることがない。何者も、神に対して、真理をわたしたちに啓示するよう義務づけることはない。神が望むなら、人間は偶像崇拝でさえも行わなければならない」。

この文章は、どこからどこまでが引用で、どれが法王自身の考えであるかが不明確であり、そのことも誤解を招く原因の一つなのだが、全体として感じ取れるのは「イスラームの説く神は理性を超えている」というメッセージである。「超えている」という表現は何か素晴らしいようにも聞こえるが、場合によっては「神は理性的判断を拒否する」とか「神は理性の沈黙を要求する」と解釈することもできるのである。そういう解釈は、しかし事実に反すると私は強調したい。

英国オックスフォードにあるセント・アントニーズ大学のイスラーム研究者、タリク・ラマダン氏（Tariq Ramadan）も、九月二十一日付の『ヘラルド朝日』紙の論説欄でそのことを指摘している。ラマダン氏は、ローマ法王の今回の講義の中に「イスラームの理性主義の役割を消し去ったヨーロッパ思想史の読み方」があるとし、そこでは「アラブとイスラームの貢献は、ギリシャ、ローマの偉大な功績の単なる翻訳に矮小化《わいしょう》化されている」と抗議している。そして、イスラーム信仰者に対して、自分たちはヨーロッパと西洋の基盤となる中心的価値を共有していることを理性的に、感情に走らないやり方で、実際に示して見せるべきだと提言している。

簡単に言えば、「イスラーム＝信仰」「西洋＝理性」というような単純な二分法は間違いなのである。

8　聖者の生首

ローマ法王の〝失言〟の影響がさめ切らない二〇〇六年九月の下旬、今度はベルリンで上演を予定していたモーツァルトのオペラ『イドメネオ』（*Idomeneo*）の一部に、ムハンマドの生首が展示されるシーンがあることが分かり、警察当局から警告を受けたオペラハウスが公演を取りやめる決定をした。九月二十八日の『ヘラルド朝日』紙が伝えている。ところが、それを知った西側の芸術家たちが「イスラームに遠慮しすぎだ」と反発し、ドイツの内務相も「上演中止はクレージーで容認できない」と批判するなど、論争が巻き起こっているという。

かつてムハンマドの風刺画がデンマークの新聞に掲載されて騒動を起こした際、ヨーロッパの多くの新聞がその種の諷刺画を掲載しないとの決定をした。これに対し、西洋社会はイスラームに妥協しすぎて自由を規制しているとの批判が出た。また、ベネディクト十六世がドイツでの〝失言〟について謝罪したことも、同国内で「やりすぎだ」との声が上がっているらしい。そこへ来て〝自主検閲〟にも似た今回の公演中止である。ドイツではオペラの公演中止など過去に例がないため、不満の声が大きいという。例えば、同紙によると、前文化相のマイケル・ノーマン氏（Michael Naumann）は、「これは、芸術家自身が芸術表現の自由を取り下げるような、恥ずべき決定だ」と非難しただけでなく、「法王が、異常と思えるほど謝罪したことで、悪い前例を作ってしまった」と手厳しい。

ドイツ・オペラの館長であるキルステン・ハルムス氏（Kirsten Harms）の説明では、『イドメネオ』が最初に上演されたのは一七八一年で、ドイツ・オペラでの最初の公演は二〇〇三年という。内容は海の神、ポセイドンを描いた神秘的物語で、この神は人間の命をもてあそんで意地悪く犠牲を求めるという。問題のシーンはモーツァルトの原作にはなく、最終部に挿入されたものらしい。そこでは、クレテ王・イドメネオがムハンマド、イエス、釈迦、そしてポセイドンの首を舞台上へ引き出して、それぞれをスツールの上に置くのだという。原作のオペラの終幕では、イドメネオ王はポセイドンの機嫌をとるために王位を棄て、息子のイダマンテとギリシャの王女・イリアの結婚を祝福する。しかし、ここに血なまぐさいシーンを挿入することで、監督は「すべての宗教の創始者は世界に平和を持ち来たさなかった」ことを訴えようとしているらしい。

このオペラは、最初の公演のときすでにイスラーム信者やクリスチャンの間に論争を巻き起こしたが、組織的な抗議運動は起こらなかった。だから、ドイツ・オペラでは十一月に四回の公演を計画していたという。ところが、二〇〇六年夏になって、ベルリンの警察に「あのオペラは宗教的感情を傷つけるものだ」という匿名の電話があったため、警察が調査を始めた。そして、何らかの騒ぎが起こる可能性を否定できない、との結論に達したという。

宗教の聖者の血だらけの生首をオペラや演劇に登場させるというのは、正直言って「よい趣味」ではない。そんな方法を使わなくても、同じことを訴えることはできるはずだ。が、その一方で、イエスの磔刑をめぐっては、これまで何回も血なまぐさい表現が使われてきたことは事実だ。私は、メル・ギブソンの映画『パッション』[38]を見て、なぜあれほどまでに残虐なシーンを次から次へと重ねるのか理解できなかった。今回のドイツ・オペラの件でも、聖者の〝生首陳列〟の価値はよく分からない。しかし、自由社会というものは、ある人が無価値、残虐、低俗、有害と思うものをも容認する〝度量〟（あるいは無関心）がなければ成立しないという難しさがある。

願わくは、ドイツの人々の良識が、残忍さやドギツサを克服して、ドイツ・オペラを高い水準に維持し続けてほしい。

〝触らぬ神〟ではいけない

ドイツ・オペラの公演中止の決定はその後、私の予想外の方向へ動いた。ベルリンで九月二十七日に行われたイスラーム関係者会議において、問題のオペラの公演を「中止しないことを望む」と合意されたからだ。二十八日付の『インターナショナル・ヘラルド・トリビューン』(電子版)が伝えている。それによると、この会議は前年の秋、メルケル首相が選ばれてすぐ後に計画されたというが、今回の好機にドイツ内相の呼びかけで、同国の政府とイスラーム社会から代表者三十人が出席し、十八世紀のバロック宮殿で行われた。ドイツ国内のイスラーム人口は三百万人以上と言われ、女性の権利、学校でのイスラーム教育、イスラーム指導者の教育訓練、モスクの建設等の多方面で、ドイツ社会との文化や価値観の違いを修復する必要に迫られていた。

この会議での合意を受けたドイツ・オペラは、一度中止を決定したモーツァルトの『イドメネオ』の公演を再検討することになった。ただし、「警察から関係者の安全について新しい見解が出される必要がある」ことが条件だと、ドイツ・オペラのスポークスマンは述べた。同オペラの公演中止は、メルケル首相を含む政府関係者など多方面から批判されたが、その批判の中には、フランクフルトの劇場では現在も『最後の処女』(*The Last Virgin*)が上演され続けているとの指摘があった。この劇は、パレスチナ問題を扱ったもので、そこにはイスラームとユダヤ教の双方に対して辛辣《しんらつ》な表現が出てくるという。これが許されているのに、『イドメネオ』の公演が自粛されるのは表現の自由の〝自殺〟にも等しいというわけだ。

私は先に、「残忍さやドギツサを克服して、ドイツ・オペラを高い水準に維持し続けてほしい」と述べて、聖者の生首を陳列するシーンがどうにかならないか期待したが、ドイツのイスラーム社会の代表者たちは、そういう表現も「可」としたのだ。少し驚いたが、もしかしたらその「驚き」は、私がイスラーム信者を特別視していた証拠かもしれない。なぜなら私は、メル・ギブソンの映画に対しても『ダビンチ・コード』[39]に対しても、「内容を変えてほしい」とは思わなかったからだ。これは一種の〝甘やかし〟だったかもしれない。

コラムニストのトーマス・フリードマン氏(Thomas L. Friedman)は二〇〇六年九月三十日付の『ヘラルド朝日』紙に書いた論説で、イスラーム社会に気がねして自分たちの抱く疑問をぶつけず、「触らぬ神にたたりなし」と言わんばかりの態度で言論を自粛することとは、彼らを侮辱していることになるし、却って〝文明の衝突〟への道を進めることになる、という意味のことを言っている。フリードマン氏は、今回のドイツ・オペラの件でこれを言っているのではなく、ローマ法王のドイツでの発言について述べていて、ベネディクト十六世を半分擁護しているのだ。「法王はイスラームの信仰とその社会を、まともに渡り合える大人として扱っているのだから、それは一種の尊敬だ」と書いている。なるほど、そういう見方もあるなと思う。ジャーナリストらしい意見である。

しかし、「大人として対等に渡り合う」方法は一つだけでなく、いろいろあるだろう。相手の〝悪〟や〝不足〟を指摘して、「そういう所を直すべきだ」と言う方法もあれば、相手の〝善いところ〟や〝優れたところ〟を指摘して、「そういう所を見習いたい」と言う方法もある。現代社会では、前者はむしろ頻繁に行われているのではないか。そして、それが「批判合戦」や「非難の応酬」につながりやすい点は、注意すべきだろう。私はむしろ後者の言論が、もっともっと表面に出てくるべきだと思う。それによって〝文明の衝突〟は回避され、〝文明の融合〟へと進むのではないだろうか。

9　気がかりなブッシュ演説

二〇〇七年一月十二日、私はアメリカのブッシュ大統領のイラク政策についてのテレビ演説を聞いた。肩を上げ、眉間に力を入れ、緊張した面持ちでほとんど一本調子で原稿を読み上げた、という感じの演説だった。内容はすでにご存じのとおり、「二万一千人の兵員の増派で、イラク大統領の治安回復を助ける」というものだ。しかし、これは「方針通り継続」と言ってきたこれまでのイラク政策と本質的に変わらない。派兵は、イラクの〝若い民主主義〟(young democracy) が確立するまで維持するとしているから、これから先何年もアメリカ軍はイラクの治安維持のために中東に留まることになるだろう。この演説は、前年の下院選挙で示されたアメリカ国民の意思を、明らかに無視した形になっている。

この点をアメリカのメディアは大いに批判している。が、だからと言って、内戦状態のイラクからすぐに兵力を引き揚げるわけにはいかない。そうすれば、アメリカの失敗と無責任を世界に示すことになり、各国との同盟関係にも深刻な影響を及ぼす可能性があるからだ。アメリカは、何とも困難な状況にあると言えよう。

私はしかし、ブッシュ氏の演説の内容に大いに気がかりなものを感じた。それは「急進的なイスラーム過激派」（radical Islamic extremists）とか「テロリスト」を敵として見据え、その敵とはまったく交渉の余地がなく、武力で破壊する以外に仕方がないとの考え方が、見え隠れしていたからだ。ブッシュ氏によると、現在のアメリカの中東での戦いは、単なる武力紛争ではなく、「我々の時代を決定するイデオロギーの闘争」（a decisive ideological struggle of our time）であると定義される。その闘争とは、一方に「自由と穏健を信じる人々」が置かれ、他方には「罪のない人々を殺し、我々の生き方を破壊する意志を明確した過激派」が対峙している。そして、ブッシュ氏の考える「アメリカ国民を守る最も現実的な方法」とは、敵のもつ憎悪のイデオロギーに代わる〝希望の思想〟を提供することであり、それは中東に自由を広めることだ、というのである。

この明確な「二項対立」の世界観がブッシュ氏の本心ならば、それは9・11後のアフガン侵攻やイラク戦争開始時のブッシュ氏と少しも変わっていない。かつてこの「味方でなければ敵」「自由でなければテロリスト」という単純明快な二分法は、世界では受け入れられず、ヨーロッパからも反対され、国連でも認められなかったのである。しかし、ブッシュ氏は「①イラクはイスラーム過激派を支援して、②大量破壊兵器の製造を推進し、③それが9・11を起こした」という論理のもとにイラク戦争を始めた。そして、我々が知っているのは、この三項目のうち二つまでが間違いだったということだ。(正しかったのは、〝イスラーム過激派〟がテロの実行犯だったことだけである)

そのことから、ブッシュ氏が学んでいないように見えるのは、誠に残念である。私は特に、前記のブッシュ氏の考え方にある「イデオロギーの闘争」という言葉に危機感を覚える。アメリカは、新しい〝冷戦〟を作り出そうとしているのだろうか? 「イスラームの過激思想」を敵として捉え、かつて「共産主義」と対峙したように、それとの長期にわたる物心両面での闘争を、二十一世紀の「最も現実的な方法」として遂行するのだろうか? そんな選択は間違っている、と私は言いたい。

現代のイスラーム思想に関して、私はすでに本書でも書いているが、中東の多くの国々の考え方は、過激なスンニ派ワッハーブ主義なのである。第一、アメリカの同盟国・サウジアラビアの国教がワッハーブ主義である。これを自由・民主主義に変えるまで戦うことが「最も現実的な方法」だと、ブッシュ氏は本気で考えているのだろうか。それとも、この演説はあくまでも〝表向き〟で、裏ではイランやシリアとの交渉も視野に入れた〝リアルポリティーク〟（現実政治）をするつもりなのか。ライス国務長官の中東訪問が始まったが、ブッシュ氏の本心が気になるところだ。

10　ブレア首相の論文を読む

　私は前節で、ブッシュ米大統領の新しいイラク政策に関する演説について感想を書いた。その時、「イスラーム過激思想とのイデオロギーの闘争を物心両面で長期にわたって行う」というブッシュ氏の考え方に反対した。それではイスラーム全体を敵に回す可能性があるから、〝文明の衝突〟をまさに地で行く愚行であり、さらに「悪を認めれば悪が現れる」という心の法則を無視している、と思ったのである。私は、このようなブッシュ氏の考え方はアメリカでは少数派であることはもちろん、世界的にもきわめて特殊なものと考えていた。ところが、アメリカの外交専門誌『フォーリン・アフェアーズ』(*Foreign Affairs*)の二〇〇七年一～二月号に載ったイギリスの首相(当時)、トニー・ブレア氏の論文[40]を読んで、〝ブッシュのプードル〟などと批判された彼が、実はブッシュ氏に輪をかけて「イデオロギー闘争」論者であることを知って驚いたのである。

このブレア論文は「地球的価値のための戦い」(A Battle for Global Values)という題で、十二頁にわたるもの。ブレア氏はまず、イスラーム過激主義の根源を分析し、現在の世界的な闘争の背後にある〝本質〟を指摘、この闘争を完遂するためには〝二正面作戦〟が必要だとして、アメリカとヨーロッパを中核とした自由民主主義の陣営の結束を呼びかけている。これは、同じ雑誌の一九四七年七月号に「X」というペンネームで発表されたジョージ・ケナン氏(George F. Kennan)の歴史的論文「ソ連の行為の源泉」(The Sources of Soviet Conduct)を思い出させる、と言えば言いすぎだろうか。

ブレア氏の見るイスラーム過激主義の根源とは、ルネッサンスを経て啓蒙主義がヨーロッパを席捲した後の二十世紀初頭から始まる。イスラーム世界ではヨーロッパの変革を目のあたりにして不安を感じ、植民地主義に対するナショナリズムが生まれ、逆に政治的抑圧が進んだり、その反動として政治的、宗教的過激主義も生まれたという。このイスラームの過激主義に対して、権力の座にある者は過激派指導者層の一部と急進的思想の一部を取り込んで懐柔《かいじゅう》を図ったが、その結果はほとんど「失敗だった」という。なぜなら宗教的過激主義は尊敬すべきものとされ、政治的急進主義は抑圧されたからだという。その結果、多くの人々は、「イスラーム世界に自信と安定を取りもどすためには、宗教的過激主義と人気取り政治を組み合わせ、〝西洋社会〟とそれに協力するイスラーム支配層を敵に仕立てる」方法を採用したというのである。

ブレア氏がここで言っていることは必ずしも明確でないが、ムスリム同胞団に始まりワッハーブ主義に至るイスラームのスンニ派原理主義のことを指しているのだろう。さらには、ワッハーブ主義を国教としながらも、〝異教徒〟であるアメリカの基地を国内に認めたサウジアラビアに宣戦布告したオサマ・ビンラディンと、その後継者たちのことを指しているのだろう。このアルカイーダの思想がアラビア半島から海外に広まることで、9・11事件その他の宗教テロリズムが世界中で起こったと考えているのだ。

その影響力が「世界中」に及んでいることを示すために、ブレア氏はアメリカだけでなく、インド、インドネシア、ケニア、リビア、パキスタン、ロシア、サウジアラビア、イエメン、アルジェリアなどの国々、地域ではチェチニアやカシミールの名前まで挙げている。そして「今日では三十から四十の国々で、テロリストたちはこのイデオロギーと緩くつながった行動を取ろうとしている」というのである。ブレア氏は、この動きを一つの〝運動〟として捉え、「それはイデオロギーと、一定の世界観と、深い信念と、狂信的な決意」をもっており、「多くの点で、初期の革命的共産主義に似ている」と言う。すでに触れたが、ブレア氏のこのような物の見方が、ケナン氏の共産主義に対する見解を彷彿《ほうふつ》させるのである。

ケナン氏の場合は、ソ連の世界共産化の動きに対して、「平和で安定した世界の利益を侵食する兆しがあるならば、それがどこであっても、頑強な反発力によってロシア人に立ち向かうための堅い封じ込め政策」を提案したのである。

ブレア論文の中で驚かされたことの一つは、イスラーム原理主義をめぐる今日の世界的な混乱には、〝西洋社会〟(the West) はまったく責任がないとの立場を貫いていることだ。もちろん「疎外」(alienation)、「犠牲」(victimhood)、「植民地化」(colonization)、「政治的抑圧」(political oppression) をイスラーム社会が経験したことには触れているが、それはまるでイギリスとは関係のない、どこかの国の仕業のような書き方である。そういう様々な困難を乗り越えようとしたイスラーム社会の人々の中に、たまたま間違った、非合理な解釈を採用したグループがいて、それが西洋社会の価値を否定することで自己目的を達成しようと〝暴力のイデオロギー〟を広めている——そんなニュアンスの論文である。

もっと具体的に指摘しよう。ブレア論文にはこんな箇所がある——「私にはほとんど信じられないことだが、西側の多くの意見の中には、このような世界的テロの台頭には我々にも責任の一端があるという考え方があることだ」。「イスラーム主義者によるテロが貧困の産物だというのも馬鹿げている」。「我々は彼らの残虐行為を拒否するだけではなく、西洋社会に対する間違った抗議の感情も、彼らの暴力の責任は彼ら自身にあるのではなく、誰か別の人にあるという議論をも拒否しなければならない」。

ブレア氏は、このように一方的に間違っているイスラーム過激主義の〝運動〟に対しては、西洋社会は傍観していることは許されず、「方法」と「考え」の両面で積極的に立ち向かうべきだという。「イスラーム主義のテロは、我々が過激派の方法に立ち向かうだけでなく、その考えに立ち向かうのでなければ、打ち負かすことはできない」。「考えに立ち向かうとは、テロリストの活動は間違っていると言うだけでは十分でない。それは、彼らのアメリカに対する態度はバカげており、彼らの統治方法は封建制以前の時代遅れのものであり、彼らの女性や他の宗教に対する態度は反動的だと、言葉を出して言うことである」。そして彼は、今日のグローバリゼーション(41)の時代には、この反動的過激主義と進歩との戦いの結果が未来を左右するという。「我々は気候変動を無視することができないのと同じように、この戦いをしないわけにはいかない。行動しないこと——つまり、アメリカ一国に責任を押しつけ、あるいはこのテロの活動は、一つの世界的運動ではなく、個々別々の事件だと幻想することは、深く、根本的に間違っているのである」。

もちろんブレア氏は、イスラーム世界全体を敵に回すつもりはない。近代的で穏健なイスラーム世界の主流と協力して、〝反動的〟な勢力を排除することを提案している。この考えには、私は諸手を挙げて賛成する。ただし、「排除する」とは思想として否定するということであり、その思想を抱く人々を武力で攻撃したり、この世から抹殺したりするという意味ではない。ワッハーブ主義にイスラーム世界を席捲《せっけん》させてはならない。イスラームとはそれほど狭量で歴史の浅い宗教ではない。また、〝イスラームの価値〟と〝西洋の価値〟とを対立的に捉えるのではなく、双方の中に〝地球的価値〟を認めよというブレア氏の提案にも賛成である。しかし、現代の中東問題に西洋の植民地主義が関係しており、さらにはパレスチナ問題が深く関係していることは事実なのだから、米英その他の関係諸国はこれら〝蒔いた種〟の結果をきちんと刈り取る――つまり、間違いは間違いとして認める必要がある。

原理主義は、とかく世界を二項対立的に捉える傾向がある。これはイスラーム原理主義がそうであるだけでなく、キリスト教やユダヤ教の原理主義も同じである。今回のブレア論文は、確かに宗教的用語は使っていないが、「民主主義」対「暴力」、「進歩」対「反動」などの言葉を使って二項対立の世界を描き出している。この世界は心で描く通りの世界だから、〝悪〟を描けば描くほど〝悪現象〟が現れてくることを知らねばならない。我々はイラク戦争でそのことを学んだはずである。だから、一部宗教の悪現象を拡大・強調するのではなく、多くの宗教に共通する真や善や美をお互いが誉め称える仕事に、もっと時間と労力をかけるべきだと私は思う。

11 「テロとの戦争」をやめよう

アメリカが「テロに対する戦争」(the war on terrorism) という呼称を廃止するかもしれない——と私は期待している。なぜなら、アメリカに最も近い同盟国、イギリスでは、この呼称の使用が最近禁じられたらしいからだ。二〇〇七年二月九日の『ヘラルド朝日』紙にハーバード大学のジョセフ・ナイ教授 (Joseph S. Nye, Jr.) が論説を寄せて、そのことを論じている。ナイ教授は、外交・国際関係の分野では一流の学者だ。

私は二〇〇五年六月一日のブログ[42]に、「〝テロに対する戦争〟という言葉は、問題の立て方が間違っている」と書いた。なぜなら、「テロ」(terror) とは「恐怖」という意味であり、恐怖は、第一に恐怖する人の心の中にあるのだから、それと戦うのに実際の兵器はさほど役に立たないからだ。その時に書いた文章から引用する：

恐怖は〝外〟にあるのではなく〝内〟にある。〝外〟をいくら叩いても〝内〟にあるものは壊れない。或る〝敵〟を外に見出しそれを倒しても、次なる〝敵〟が内部の（恐怖の）投影としてまた外に現れる。否、〝テロとの戦争〟という言葉を使う限り、自ら〝敵〟を外側に作り出さざるを得ないのだ。戦争には、具体的な〝敵〟が必要だからだ。

実際には自分を傷つけようと意図している〝敵〟が存在しなくても、本人が恐怖心をもって周囲を見ていれば、あらゆる人々の視線や行動が自分への〝敵意〟を表しているように見える。この心理状態が昂じると、「被害妄想」という病名がつく。また、この妄想にもとづいて周囲に敵意を撒《ま》き散らせば、周囲の人々がそれに応じて敵意を示すことにもなる。こうして〝妄想上の敵〟は〝本物の敵〟になるのである。

この矛盾を、少なくともイギリスは気づきはじめているようだ。ナイ教授によると、イギリス外務省は二〇〇六年遅く、ブレア内閣の閣僚と外交官らにこの用語の使用をやめるよう指示したという。このことを評して、ロンドン発行の『オブザーバー』紙は「イギリス政治の考え方が一つの岐路にさしかかっている」とし、イスラーム過激派によるテロ事件が一向に終息しないことに対し、「英米の考え方に差が広がりつつある」と分析している。

イギリスでは、二〇〇五年七月にロンドンでの交通機関を対象にしたテロ事件があり、それ以降も自爆テロ事件、あるいはその未遂事件が起こっている。最近も、イギリス政府は重大なテロ計画を十六も発見し、追跡調査をしていると発表した。ある世論調査によると、このロンドンでのテロ事件について、イギリス在住のイスラーム信者のうち十万人が「攻撃は正当」と答えたという。だから、イギリスでの〝テロとの戦争〟では、イギリス政府は〝負け〟の側にあると言える。その理由の一つが、〝言葉の力〟の悪用にあると結論したのだ。

ナイ教授によると、イギリスの情報機関であるＭＩ５がテロリストを取り調べたところ、彼らの心の軌跡には共通したパターンがあることに気がついたという。それぞれのテロリストは、過激思想や、様々な社会的・政治的不満をもっていることは確かだが、そういう若者に宗教的使命感にも似た精神の高揚や、より大きな目的意識をもたせて行動に至らせるものは、「戦争」という言葉や、「戦い」をめぐる物語なのだという。アルカイーダは、そういう単純だが強力なメッセージをメディアやインターネットを通じて伝達する能力に優れているらしい。テロ行動に出た人々の間には「イスラーム社会は今、西側諸国から一斉攻撃を受けている。だから、イスラーム信者は世界中で、イスラーム共同体を敵の攻撃から護るのが信仰者個人としての義務だ」という考え方が浸透しているというのだ。そんな中で、西側諸国が「戦争」や「戦い」という言葉を使えば、彼らの信念をより強固にし、テロ活動への参加者を増やすことになる――そう考えるに至ったらしい。

〝言葉の力〟の大きさを示した一例である。ブッシュ大統領もこのことに早く気づき、イギリスに倣《なら》ってこの種の〝火のついた言葉〟を消す側に回ってほしいのである。キリスト教を信仰する大統領なのだから、「敵に譲歩する」などと思わなくていい。聖書の「ヨハネによる福音書」の冒頭にある次の聖句を「思い出した」と言えばいいのである：

初めに言《ことば》があった。言は神と共にあった。言は神であった。この言は初めに神と共にあった。すべてのものは、これによってできた。できたもののうち、一つとしてこれによらないものはなかった。

（第一章一～三節）

12　核の自爆攻撃をどう防ぐ？

私は前章で〝テロとの戦争〟という言葉の廃止を訴えた。その理由は、テロ（terror）とは第一義的に「心の中に生じる大きな恐怖の感情」だからだ。恐怖心は、もちろん心の中の出来事だ。戦争とは、国家間で行われる物理的破壊力を用いた意志の強制である。物理的な力を用いて相手の意志を壊し、相手を自分の意志に従わせるという、もっぱら「相手」（敵）に向った力を行使するのに、その目的が「自分の恐怖心をなくすため」というのは、奇妙な論理ではないだろうか。そんな大それた破壊をしなくても、自分の心を変えることができればいいのである。また、逆に言えば、どんな破壊力を行使して世界を敵に回しても、自分の心の恐怖を拭い去ることができなければ、〝テロとの戦争〟には永遠に勝つことができない。この奇妙な〝戦争〟は、このように手段と目的が合致しない論理矛盾から出発している、と私は思う。

自分の心の問題を解決するためには、まず第一にすべきことは自分の心の吟味ではないだろうか。少なくとも、それが「唯心所現」の教義の意味である。では、テロとの戦争を進める「ブッシュ政権の心の問題」とは、いったい何だろう？　私は、この疑問に長らく答えられなかった。当初は、９・11を起こした一握りのテロリストに対する恐怖心と怒りが、それだと思った。しかし、そのテロリストをかくまっているという理由でアフガニスタンのタリバーン政権が倒され、そのテロリストを支え、核兵器を含む大量破壊兵器（ＷＭＤ）を開発しているとされたイラクのフセイン政権が倒されたが、〝テロとの戦争〟は終息せず、逆に拡大した。そして、スペインやイギリスで大勢の犠牲者を出す無差別テロが発生した。ヨーロッパで生まれ育ったイスラーム系の若者が、アメリカとその同盟国の行為を「イスラームに対する攻撃」と受け取ったからだ。また、そういう内容のプロパガンダが、パレスチナ問題と関連させてイスラーム国内部で盛んに行われた。

これは、典型的な「暴力による態度の両極化」ではないだろうか。サッカーや野球の試合で、対戦チームの間での言い争いが暴力に発展したり、観客やファンの間に暴力が発生すると、それが見る見る拡大していく現象と似ている。これが、世界最高レベルの教育と訓練を受けた政治家や外交官の間でも起こるということは、驚くべきことではないだろうか。ブッシュ政権やブレア政権の中枢部にいる人々は、いったい何をそんなに恐怖しているのか？——この疑問が、私には解けなかったのである。

ところが、二〇〇七年五月九日の『ヘラルド朝日』紙に載った記事を読んで、彼らが恐怖する理由の一部が分ったような気がした。その記事は、約一年前にブッシュ政権中枢で行われた国家防衛戦略に関する議論の内容を伝えていた。それによると、ブッシュ政権の恐怖の対象は、〝テロリスト〟からの核攻撃なのである。現在、核爆弾はスーツケースに入れて持ち運ぶことができるほど小型化できるが、アメリカ国内でこれを使った自爆テロが起こった場合、どうすれば効果的な報復ができるかという疑問に、その会議では答えが見出せなかったらしい。私は「なるほど……」と考え込んでしまった。

核兵器は、攻撃のためにではなく、抑止のためにもつのである。つまり核兵器は、相手が攻撃を仕掛けても、それを〝吸収〟した後、報復攻撃によって相手を決定的に破壊できることを保証する場合、抑止力をもつ。このことは、かつて二〇〇二年六月十一日のブログに書いたので、詳しく知りたい人はそれを参照してほしい(43)。しかし、自爆テロで核兵器が使われると、その破壊は徹底しているため、実行犯のＤＮＡも核爆弾の由来を示す物理的証拠も何もかもが実質的に消滅してしまう可能性があるという。となると、誰に向って報復をするかも不明となり結局、報復不能の事態に陥るかもしれない。ということは、超大国の巨大な核兵器システムをもってしても、核を使った自爆テロを抑止できないかもしれないのである。これは深刻な問題だ。

私は先に、「核を使った自爆テロを抑止できないかもしれない」と書いたが、それは私の感想であり、ブッシュ政権の結論ではないようだ。前述の記事によると、二〇〇六年五月の段階ではっきりした結論は出ず、「抑止は多分できそう」というニュアンスで記事は書かれている。その理由は、核兵器による破壊後でも、その由来をある程度調べることができるらしいからだ。そういう事後調査の技術を「核法化学」(nuclear forensics)と呼ぶらしい。この技術によって、核テロリストが使った兵器の供給元が判明した場合、その国に対して核兵器で報復すべきかどうか。また、そのことを事前に、すべての国に対して宣言すべきかどうか。さらに、その時に使われる報復手段を「核攻撃」とはっきりと表現すべきか、あるいはもっと抽象的に「すべての責任をとらせる」などと表現すべきか……そういう問題が議論されたようである。

この会議が行われた二〇〇六年五月には、イランの核開発問題とのからみで事態は複雑化していた。この時期に、「すべての責任をとらせる」とイランを脅すことが賢明かどうかの判断は微妙だった。ところがその後の十月九日、北朝鮮が核実験を発表した。これよって、何をするか分らない国が核の供給元になる可能性が増大したため、事態を深刻に考えたブッシュ政権は、ただちに大統領自身が北朝鮮に対して、「他国やテロ組織への核兵器や核物質の移転は、アメリカへの重大な脅威と見なし、北朝鮮はその結果の全責任をとることになる」と警告したのである。私がここで強調したいのは、ブッシュ大統領は北朝鮮の核兵器自体を「重大な脅威」だと言わずに、他への「移転」を問題にした点だ。その理由が、前掲の記事で明らかになった。すなわち、ブッシュ政権の当時の最大の関心事は、北朝鮮の核が反米テロリストの手に渡り、アメリカ国内で使われる可能性だったのである。

こうして、北朝鮮に対しては「核の移転は報復措置を招く」というメッセージが発せられ、イランにはそのメッセージは発せられなかった。しかし、このことは反面、アメリカが北朝鮮を核保有国として暗黙裡に認めたと解釈される余地を含んでいる。

さて、ここでいきなり日本が抱える拉致問題との関係へ飛ぶ。二〇〇七年四月の日米首脳会談で、ライス国務長官が日本側に対し、拉致問題の解決は北朝鮮のテロ支援国家の指定解除の「前提条件にならない」と言ったことが、明らかになった。これは、見方によっては、拉致問題とテロ支援国家の指定解除を切り離し、北朝鮮が核放棄を決断するならば、拉致問題を積み残したまま、北朝鮮をテロ支援国家のリストから外し、経済支援への道筋をつける選択肢を開いたとも言える。

ここでさらに一転して、目を東ヨーロッパに向ければ、アメリカが強力に配備の準備を進めているミサイル防衛システム（ＭＤＳ）のことが思い出される。五月十二日の『朝日新聞』によると、アメリカはチェコとの間で、ＭＤＳのレーダー施設建設の交渉を二〇〇八年前半までに終えることで合意し、二〇一一年の運用開始を目指すという。その理由は「イランなど米国にとっての敵対国への対応を強化するのが目的」という。アメリカはすでにポーランドとの間で、ミサイルの発射設備設置の交渉に入っていて、中央ヨーロッパのブルガリア、ルーマニアとも空軍主体の小規模基地設置の作業を進めている。これに対して、ロシアのプーチン（前）大統領は明確な「反対」の意志を示していて、「軍事的対抗措置」を辞さないなど、厳しい姿勢を示している。

そこで私は憶測する。これほどまでにアメリカがＭＤＳにこだわる理由は、テロリストへの核の移転を恐れているためではないか。もっと具体的に言えば、イランが核兵器を所持することよりも、イランから持ち出された高濃縮核物質がイスラーム過激派の手に渡り、それがアメリカ国内で使われることを防ぐことが、ＭＤＳの計画中に含まれているのではないか、ということだ。テロリストの核自爆テロを防ぐためには、北朝鮮に出したような警告をイランにも出す必要があるが、その警告を保証するような兵器システムが実際に存在しなければならない。現在のアメリカの核兵器は、冷戦時代の超大国同士の撃ち合いを想定したものだから、このような用途への転用がきかない可能性がある。もしそうであれば、ＭＤＳは、核自爆テロの抑止を目指した報復攻撃用のシステムとしても見ることができるのである。

註（第一部）

（1）二〇〇一年九月十一日に発生したアメリカ同時多発テロの主犯イスラム過激グループ。サウジアラビアの富豪ラディン家の息子オサマ・ビンラディンが指導者で、一九八〇年代後半、アフガニスタン開放を目的に同地に設立。

（2）Osama bin Laden,（一九五七年～　）。数々のテロ事件を首謀したとされるサウジアラビア出身のアラブ人。

（3）共鳴者。同調者。シンパ。

（4）イスラム教最大の宗派。ムハンマドの後継者としてアブー＝パクル、ウマル、ウスマーン、アリーの正統四カリフを認め、ハナフィー、マーリク、シャーフィイ、ハンバリーの四つの法学派を公的な法解釈の学派とする。

（5）井筒俊彦訳『コーラン』上巻（岩波文庫、一九六四年）、四七頁。

（6）Muhammad,（五七〇頃～六三二年）。イスラム教の開祖。アラビアのメッカの名門クライシュ族の出身。四十歳の頃から創造神アッラーの啓示を受けるようになり、メッカで布教。

（7）Karl A. Menninger,（一八九三～一九九〇年）。アメリカの精神医学者。著書に『おのれに背くもの』上・下（日本教文社、一九六三年）などがある。

（8）谷口雅宣著『足元から平和を』（生長の家、二〇〇五年）、八七～八八頁。

（9）民族などへの帰属意識。独創性。個性。

（10）Michael Bond, "The ordinary bombers," *NewScientist*, 23 July 2005, p. 18.

（11）"Report of the Official Account of the Bombings in London on 7th July 2005", http://news.bbc.co.uk/2/hi/uk_news/4760869.stm

（12）Abu Musab al-Zarqawi,（一九六六～二〇〇六年）サダム・フセイン政権崩壊後のイラクに潜入し、様々な反米テロ事件を指導しているとされるヨルダン生まれのアラブ人活動家。

（13）谷口雅宣著『小閑雑感 Part4』（世界聖典普及協会、二〇〇六年）、一三〇頁。

（14）前掲書、一七五～一七七頁。

（15）前掲書、一八六～一八八頁。

（16）室町・戦国時代、北陸、近畿、東海などの各地に起こった宗教一揆。真宗本願寺派の一向宗の僧侶や門徒の農民達が連合して守護大名・戦国大名などの領国支配に反抗した。

（17）徳川幕藩体制崩壊から明治新政府による中央集権的統一国家成立と資本主義化の出発点となった一連の政治的、社会的変革。

（18）J Alexander Their, "Crescent and Gavel: Balancing Religion and Rights", ***International Herald Tribune-The Asahi Shimbun***, 27 March 2006.

（19）Andrea Elliott, "Muslim Law's Adaptability Is Tested by Apostasy Case", ***International Herald Tribune-The Asahi Shimbun***, 27 March 2006.

（20）***Ibid.***

（21）米国カリフォルニア大学ロサンゼルス校の略称。

（22）Khaled Abou El Fadl, ***The Great Theft: Wrestling Islam from The Extremists,*** (New York: Haper Collins, 2005).

（23）谷口雅宣著『信仰による平和の道』（生長の家、二〇〇三年）第一章を参照。

（24）イスラム教の二大宗派の一つ。ムハンマドの後継者アリーとその子孫がイマーム（最高指導者）であるべきと考える。この後継の子孫を誰にするかで、十二イマーム派、イスマーイール派、ザイド派などに分派している。

信徒はイスラム教徒の一割弱。

（25）*The Great Theft*, pp. 48-49.

（26）『信仰による平和の道』、七頁。

（27）*The Great Theft*, p. 53.

（28）保坂修司著『正体――オサマ・ビンラディンの半生と聖戦』（朝日新聞社、二〇〇一年）

（29）『小閑雑感 Part4』、一八六～一八八頁。

（30）藤原和彦著『イスラム過激原理主義――なぜテロに走るのか』（中公新書、二〇〇一年）

（31）Sayyid Qutb,（一九〇六～一九六六年）。エジプトで結成されたイスラーム復興を目指す大衆運動組織「ムスリム同胞団」の急進的思想家。『道標』を著し、ナセル政権の西洋化を痛烈に批判。同政権によって処刑された。その思想は『クトゥブ主義』と呼ばれ、その後のイスラーム過激派の思想に影響を与えた。

（32）藤原、五一頁。

（33）註（15）参照。

（34）原題『*United 93*』。二〇〇六年（米）監督：ポール・グリーングラス　出演：コーリー・ジョンソン他　9・11事件でハイジャックされた航空機四機のうち、唯一標的を回避できたユナイテッド93便で起きたことを、事実に基づき再現したドキュメンタリー・タッチの劇映画。

（35）「教皇庁国務省長官の教皇ベネディクト十六世の発言に関する声明」。http://www.cbcj.catholic.jp/jpn/news/bene_islam2.htm

（36）Adel Theodor Khoury,（一九三〇年～　）のこと。レバノン出身のカトリック教徒の神学者。一九九三年までドイツのミュンスター・ヴィルヘルムス大学神学部の学部長を務め、キリスト教とイスラム教との異教徒間の対話に努力した。

(37) Ibn Hazm,（九九四〜一〇六四年）。コルドバ出身のムスリム哲学者。著作にイスラームの恋愛論である『鳩の頸飾り』（黒田壽郎訳、イスラム古典叢書　岩波書店、一九七五年）がある。

(38) 原題『*The Passion of Christ*』。二〇〇四年（米・伊）監督：メル・ギブソン　出演：ジム・カヴィーゼル他　イエス・キリストが十字架に掛けられるまでの十二時間の出来事を描いた劇映画。キリストが拷問を受けるシーンの凄惨な描写が話題を呼んだ。

(39) 原題『*The Da Vinci Code*』。二〇〇六年（米）監督：ロン・ハワード　出演：トム・ハンクス他　ダン・ブラウンによる同名の小説を原作としたサスペンス映画。ダ・ヴィンチの絵画にキリストの妻子の存在を示す暗号が隠されているとして、キリスト教界の反発を招いた。

(40) Tony Blair, "A Battle for Global Values", *Foreign Affairs*, May/June 2007, pp. 79-90.

(41) 国際化。特に経済活動やものの考え方などを世界的規模に広げること。

(42)『小閑雑感 Part4』、一八三〜一八五頁。

(43) 谷口雅宣著『小閑雑感 Part3』（世界聖典普及協会、二〇〇三年）、二〇八〜二一三頁。

第二部　イスラームへの理解

1　スーフィズムについて

二〇〇五年七月、東京で行われた生長の家教修会では、宗教多元主義の外国の事例を扱った講師が、「イスラーム神秘主義」とも呼ばれるスーフィズムについて興味ある発表をしてくれた。それによると、スーフィズムの信仰の中には生長の家の「人間は神の子」の教えと〝近い〟ものが存在するというのだ。「近い」というのは、なかなか便利な言葉である。しかし「同じ」というのではないから、どれだけ「近い」かが判明しないと、本当の意味で「近い」かどうかは分からない。そこのところが、特に宗教では難しい。「人間は神の子」という表現を使う宗教は、生長の家以外にもある（旧約聖書にさえある！）。しかし、その教えの内容をよく知ってみると、重要な点で生長の家とは違う場合が多い。だから、スーフィズムに関しても、教えの内容を仔細に検討してみないと判断を間違う可能性があるのである。

ところで、この年の八月二十二日付の『ヘラルド朝日』紙には、イラクのバグダッド市内で行列し、片手を胸に当て、半眼の陶酔した表情で〝お題目〟を唱え続けている一団の人々の写真が掲載されていた。写っているのは男性がほとんどで、多くは髪を肩より長く伸ばし、服装は白い裾の長いガウン姿である。写真説明にはこうある――「バグダッド市内でスーフィー・イスラーム信者が詠唱する様子。このスーフィー達に攻撃をかけたのは、スンニ派の原理主義者だと言われており、スーフィー側も防衛のため自警団を組織しはじめた」。記事によると、写真は日の出の際のスーフィー信者の儀式を撮ったもので、男たちは円を描いて並び、ドラムの音に合わせ、長い髪を振り乱して頭を回転させながら、「神よ、あなたは唯一の存在、永遠の存在」「我は神と一つ、神と一つ」などと合唱しているのだという。またスーフィー信者は、舞踏や音楽、詠唱その他の体をよく動かす儀式を通して、自分の現世的存在を超えて、神の姿を見ようとする、とも書いてある。彼らの信仰の中心は「神との内的合一」にあるから、外的な社会や政治の変革を目指すスンニ派のイスラーム原理主義者からは異端視され、最近は武力攻撃の対象にさえなっているという。

「スーフィズム」(Sufism)とは、イスラームの内部に起こった神秘主義の運動に対して、西洋の側がつけた呼称である。アラビア語では「タサウウフ」(tasawwuf)というが、神秘家自身のことをアラビア語でも「スーフィー」と呼ぶのでこの名がある。なぜこう呼ぶかについての一般的説明では、「スーフ」が羊毛を意味するから、「スーフィー」とは「羊毛を着た者」のことだという。イスラーム思想研究の第一人者である井筒俊彦氏によると、古代のアラビアでは「羊毛の粗衣」は下層社会、極貧者、奴隷、囚人等の衣であると同時に、アラビア半島の砂漠の奥地に密かに棲《す》んでいた多数のキリスト教の隠者、修道士の衣でもあったという。イスラームが政治権力や経済的繁栄と結びついた後世、物質的繁栄が魂の腐敗を招くとして世を捨て、羊毛の粗衣を着て隠遁生活に入る人も多く出た。そこから「羊毛を着る人」は、現世的生活を厭離《おんり》して苦行することを意味するようになったらしい。

このように、世俗を捨てて神や仏に近づこうとする考え方は、キリスト教の「修道士」だけでなく、仏教でいう「出家」や「修行」の概念とも似ている。ここで強調しておきたいのは、イスラームの信仰は発足の初期から、すでにキリスト教の隠者や修道士との接触を暗示するような考え方や生き方を生み出していたということである。しかし、アッバース朝[1]（七五〇～一二五八年）より前の初期の段階では、「魂の救済のために現世を離れる」という「考え方」や「生き方」が追求されただけであり、その生き方から得られたものを一つの「主義」（ism）や「思想」として深めるまでには至っていなかったようだ。前掲の井筒氏によると、スーフィズムが組織され始めたのは「西暦八世紀の末葉、所はクーファ[2]及びその付近一帯の地域であったことはほぼ確実」という。もちろん、教祖ムハンマドの没年（六三二年）以降のことである。

実践から思想へ

井筒俊彦氏は『イスラーム思想史』の中で、この時期の信者の活動においては「ズィクル」（唱名）と「タワックル」（絶対的帰依）が顕著であると述べている。前者は、一日五回の定時における神の礼拝では足りないと考え、「アッラーハ！、アッラーハ！」と休みなく神の御名を昼夜わかたず唱え続け、仏教的に言えば、無念無想の礼拝三昧に没入することである。井筒氏によると、「この唱名こそ、イスラーム神秘道における最も基本的な典礼的要素であって、今日に至るまでスーフィズム諸集団の行事の中核をなしている」という。前節で取り上げた『ヘラルド朝日』の記事では、この唱名の様子が描かれていたわけだ。後者のタワックルは、自己の個人的利益を絶対、完全に放棄して神の導きのままに暮らすことである。そういうことが実際に可能だったかどうかは別として、この絶対的帰依の理想形としては、あらゆる商売や職業に従事しないだけでなく、日常の糧《かて》をも他に求めず、病気になっても薬を飲まないことが模範とされたという。

このように現世的欲望から自己を断絶させ、言わば〝極限状態〟に追い込むことにより、スーフィーたちは神秘体験を得たのだろう。この時期においては、禁欲的苦行実践そのものがスーフィーたちの目的だった。しかし、アッバース朝の始まる七五〇年前後から、アラビア半島にはギリシャ哲学――特に新プラトン主義(3)――が滔々《とうとう》と流入するようになる。また、神への愛の実践を重んじるシリアのキリスト教神秘主義の影響も色濃くなってくる。前者の影響により、スーフィズムは初めて思索的、理論的側面を整えて「主義」とか「思想」と呼べるようになるとともに、後者の影響で「神への愛」を至上の実践目的とすることになる。その結果、スーフィズムがどのような方向に発展するかについて、井筒氏は次のように述べている：

実践的修業道程そのものの理論化だけでなく、更に進んで神秘道究極の絶対境において自己を顕現する「実在」とはそもそも何者であるかという存在論的問題、またこれを体験する際に人間はどのようなものに成るのかという神秘主義的実存の問題、さらに人間の精神はどのような構造の故に絶対的実在に直接相触れ相合することができるのかという超越的認識論の問題などがスーフィー達の主たる関心事となって来る。

（前掲書、一八七頁）

難しい言葉がたくさん並んでいるが、それらの意味については解説しない。ここでは、イスラームの神秘主義は他の宗教や外国の哲学の影響を受けて、単なる〝禁欲的苦行〟や〝神秘体験〟重視の実践運動から発展し、哲学的、思想的深さと広がりを獲得していったという事実を押さえてもらえばいいと思う。これは、開祖のムハンマドの教えとスーフィズムが無関係だとか、関係が薄いとか言うためではない。また、スーフィズム的感性や考え方が開祖の心には存在しなかったと言うためでもない。そうではなく、ある時代のある地方に生まれた宗教的天才の教えが、ローカル色を超えて「哲学」や「思想」として確立し世界宗教となるためには、多くの人々の知恵や文化・伝統の協力が必要であり、そういう協同作業によって開祖の教えの中のいくつもの〝萌芽〟が、時代の要請に応えて成長していくということ――この点を示したいのである。

例えば、スーフィズムのもつ現世厭離《おんり》的傾向は、開祖ムハンマドの初期の啓示にも共通している。『コーラン』五七章二〇節の有名な言葉を次に掲げる：

よく聞くがよい。現世の生活《いのち》はただ束の間の遊びごと、戯《ざれ》ごと、徒《あだ》なる飾り、ただいたずらに（血筋）を誇り合い、かたみに財宝と息子の数を競うだけのこと。現世とは、雨降って緑草萌え、信なき者ども喜ぶと見るまにたちまち枯れ凋《しぼ》み、色褪せて、やがて跡なく消え去るにも似る。

また、唱名への熱意を「神人合一」の体験のためだと考えれば、スーフィー達が『コーラン』の次の言葉に啓発されたと見ることもできる：

もし私の僕《しもべ》が、私のことを汝に尋ねるなら、おお、私は側近くにいる。（二章一八六節）

われ（神）は彼の頸の血管より近くにいる。（五〇章一六節）

そして地上には、信仰心の篤い者への御徴《みしるし》が多くある。汝らの中にもある。それでも汝らは見ようとしないのか。（五一章二〇〜二一節）

スーフィズムの発展

ここまでは、西暦七五〇年のアッバース朝成立までのスーフィズムをごく簡単に紹介したが、初期スーフィズムの全盛時代は、この後に来るアッバース朝の最初の一〇〇年間である。ちょうどその頃、サラセン帝国[4]の首都がバグダットに移され、ここが東方世界の学問と芸術の最大の中心地となる。首都には早くから優秀なスーフィーが移り住んで活動を開始していたが、その中の重要な一人にサリー・サカティー（八六五年没）がいる。

彼は、神秘主義の究極の境地は神の美を直視し、それに合一することだと考えた。スーフィズムにおける「神への愛」については前節で短く触れたが、それは信仰者の愛であり、愛の対象である神に向って「あなたは私です」と言えるときに完成する、とサリーは考えた。イスラームの信仰の根幹を表す言葉に「タウヒード」(tawhid)というのがある。これは、字義的には「一つにすること」の意だが、イスラームの文脈では「アッラーのほかに神なし」という信仰告白を指す。それは普通の意味では「神は唯一である」ということだが、サリーはこれに「神と一つになる」という隠れた意味を与えた。井筒俊彦氏の言葉を借りれば、サリーにとってタウヒードとは「神秘道の修業段階を切磋《せつさ》琢磨《たくま》の功によって完成した人の魂が生滅の繋縛《けばく》を脱して『真実性』のうちに融和包摂《ゆうわほうせつ》され、永遠の歓喜を享《う》ける神秘主義的『神人合一』(*unio mystica*)を意味する」[5]のである。これは仏教的に表現すれば「我は仏と一つなり」の悟りの境地に達することだろう。タウヒードという言葉は、このサリー以来、スーフィズムにとって不可欠のものとなった。

このサリーの甥であり高弟でもあるジュナイド(Junayd, 九一〇年没)は、しばしば〝陶酔の人〟と形容されるバスターミー(八七四年没)に対比して〝醒めた人〟と呼ばれる傑出したスーフィーである。バスターミーについては、二〇〇五年の生長の家教修会でも取り上げられたが、彼はそれまでのスーフィーたちが「神への愛」を極めようと修行していた〝人間の側からの努力〟を突き抜け、神との合一の境地に達したとして、次のように書き記した‥

三〇年の間、いと高き神は私の鏡であったが、今や私は私自身の鏡である。しかし私は既に絶対無であるが故に、いと高き神は彼自らの鏡である。視よ、私はここに神は私の鏡であると言う。何とならば私の舌をもって語るものは神であって、私は既に消滅して跡かたもないからである。

(前掲書、一二〇四〜一二〇五頁)

この意味を単純に解釈して「私の言葉は神の言葉である」と理解すると、これは神への無条件の服従を建前とするイスラームの文脈では極めて危険な思想となり、一般的に見ても「誇大妄想」と紙一重の錯乱した精神状態と受け取られるかもしれない。が、「私は既に絶対無」との小我を捨て去る境地に達した修行者の言として考えたとき、初めて宗教的な高貴さを感得することができる。しかしいずれにせよ、誤解を生じやすい言葉であることは否定できず、これが神への〝陶酔境〟と言われる所以である。

これに対しジュナイドは、自らのもつ神秘体験に理論的基盤を与え、〝正統的〟イスラームから見れば異端視されがちなスーフィズムを、教説的にイスラームの中につなぎとめた功績が大きい。前掲書にある井筒氏の説明は分かりやすいので、以下に引用する：

彼（ジュナイド）にとっては、スーフィズムとは自己に死に切って神に生きることであり、人は修道によって自我を殺し、自己の一切を放下して幽邃《ゆうすい》な「一者」の大洋の底深く沈潜し、聖なる「愛」に導かれて新しいいのちに「生れかわら」ねばならぬとした。そしてこの新生において、人間は自分のあらゆる人間的属性を脱却し、新に

「愛する人」の諸属性を受け、かくて始めて修道者は、「もはや我れ生くるにあらず、神わが裡《うち》にありて生き、われを通じて働き給う」という不可思議の次元に躍出できるのであると説いた。

（一九八〜一九九頁）

なお、この時期に出現した偉大なスーフィーとしてハッラージ（Husain b. Mansur al-Hallaj, 九二二年没）を挙げることができる。彼はバスターミーが神人合一の体験中に自我が消滅し「我は彼である」（我・即・彼）と認識したのに対し、さらに一歩進んで、自己の魂が本質的に転換して神と等しくなるとして「我・即・真実在」（Ana al-Haqq!）と宣言した。が、この宣言は、キリスト教の受肉説に等しいと見なされ、神を冒涜する異端者として告発された末、ハッラージはバグダッドにおいて十字架刑で死亡することになる。

ワッハーブ派の弾圧

ここまでは、アッバース朝初期（最初の一〇〇年）までのスーフィズムの足跡をごく簡単にたどった。それを要約すると、この宗教運動の中心は「神との合一」体験であり、また「神への愛」を生活に実践することだった。その生活とは、世俗的な富や名声に背を向けて「禁欲的修行」をすることであるから、スーフィズムには現世否定的傾向がある。「社会の救済」よりは「個人の悟り」を目的とした神への徹底奉仕行を重んじる、と捉えることができるだろう。ところで、イスラームの特徴の一つは、その信仰や考え方が「個人」の領域に留まらず「社会」や「政治」の領域と不可分の関係にあることだ。もしスーフィズムが社会や政治などの「現世」を否定的に捉えているとしたら、それはイスラーム社会の中にあっては〝異端〟と言うべきものだろうか？

この問いかけに対して、いわゆる「原理主義」的立場のイスラーム信仰者は、大抵「その通り！」と答えるだろう。彼らの多くにとっては、スーフィズムは「イスラーム」の名に値しない〝迷信〟であり〝偶像崇拝〟である。なぜなら、スーフィズムは（前にも触れたように）ギリシャ哲学の匂いがし、ムハンマドが「最終の預言者」であるにもかかわらず、その後に現れたスーフィーという〝聖者〟を中心とした宗教団を形成するからだ。それにスーフィズムは、自己の内面の向上を第一として、神の秩序が現世に（外的に）現れることにあまり期待しないから、現実の社会の不合理な状況——例えば、キリスト教社会がイスラーム国家を支配・抑圧している状況——を変えようとしない。本章の冒頭で、イラクに住むスーフィズムの信奉者が反米アラブ人から攻撃をかけられているという新聞記事を紹介したが、その理由がこれで理解できると思う。

実は過去にあっては、スーフィズムは原理主義勢力からもっと激烈な攻撃を受けていた。十九世紀の初め、アラビア半島では、現代のイスラーム原理主義運動の〝走り〟とも言われているスンニ派イスラームのワッハーブ派が支配的だった。同派が権力を握ったとき最初にしたことの一つは、アラビアとイラクにあるシーア派の指導者とスーフィーたちの墓をすべて破壊することだった。原理主義者にとってみれば、これによって様々なスーフィーたちが築き上げてきた内面重視の文化と伝統を否定し、自分たちによる『コーラン』や『ハディース』の原理主義的解釈のみで理想的な〝イスラーム国家〟が建設されうると思ったのだろう。オサマ・ビンラディンを生んだ現在のサウジアラビアは、このワッハーブ派のイスラームを国教とする。

本書の第一部でも述べたが、「ワッハーブ派」とは、ムハンマド・ビン・アブドゥル・ワッハーブが創始した宗派で、イスラームのスンニ派の四つの公認法学派の一つであるハンバリー派の系統にある。イスラーム研究者の保坂修司氏によると、ワッハーブの思想は、「彼が考える非イスラーム的なもの、反イスラーム的なものに対する容赦ない攻撃を特徴とする。ハンバリー派の徒として、ムハンマド（ワッハーブ）は『コーラン』とスンナ（預言者の言動）に書かれていること以外を信仰からの逸脱としてはげしく断罪するのである。彼にとっては、イスラーム思想史を豊かに彩る思弁神学やスーフィズム、また聖者崇拝やシーア派も本来のイスラームを汚す不純な要素にすぎなかった」という。アメリカのイスラーム研究者、カール・アーンスト氏（Carl W. Ernst）によると、この原理主義運動の浸透により、「現代の多くのイスラム教徒は、スーフィズムを注意深く除外した形の宗教的伝統を教え込まれてきた」のだという。

このような事実を考えてみると、スーフィズムは今日のアラビア半島周辺のイスラーム世界――特に、イスラーム原理主義の支配下――にあっては、正当な評価を受けていない〝少数派〟であることが分かる。

教団組織の成立

アッバース朝の滅亡は一二五八年、モンゴル軍の侵攻による。同朝の最初の百年にイスラーム法の体系化はほぼ完了し、宗教法の代弁者であるウラマー（聖職者）とカリフ体制との密接な関係が成立し、法の執行者を頂点とした〝理想的〟な共同体の制度が確立したことなどから、この時代のイスラームを「古典的イスラム教」と言うことがある。しかし、イスラーム法の実践を通じて理想的宗教社会を地上に実現しようとしたにもかかわらず、そこには形式主義という新たな問題が発生していた。このアッバース朝の〝黄金時代〟に発生したスーフィズムは、そのような傾向に対する危機意識を表していたとも言える。また政治的にも、アッバース朝は問題を抱えていた。イスラームによる中央集権的体制も百年足らずのうちに崩れ始め、すでに九世紀から、共同体内の各地に軍事力を背景としたアミールやスルタンなどが政治的支配を確立しはじめていた。この中にはカリフ(ムハンマドの後継者)を僭称《せんしょう》する者も現れ、政治的、社会的に分裂したり、混乱を来してくる。ここにも、宗教や信仰と政治権力が結びつくことの難しさが顕われているようだ。

イスラーム研究者の中村廣治郎氏は、現代の政治家を髣髴《ほうふつ》させるようなこの時期の例を引いている：

ハナフィー法学派の祖であるアブー＝ハニーファの高弟で、アッバース朝カリフ、ハールーン・ラシードの信任の厚かった大法官アブー＝ユースフ(七九八年没)は毎年末、妻に自分の財産を贈与し、あとでそれを返させるということでザカート税を免れていた。このことが師のアブー＝ハニーファに伝えられると、師は次のようにいった——「それは彼の法学のやり方であり、それはそれで［法学的には］正しい。なぜなら、それが現世の法学なのだから。しかし、それが来世においてもつ害はどんな罪よりも重い」と。

（『イスラム教入門』、一七一頁）

このような宗教指導者の腐敗の問題に加えて、もう一つ形式化の問題がある。それは、イスラーム法学や神学、コーラン解釈学などのイスラーム諸学が発達するにつれて、その学問内容はしだいに高度化し、精緻化し、神は非人格化し、抽象化してくるから、信仰が民衆からかけ離れてくるという問題である。これは、キリスト教がローマ帝国の国教となることによって生じた問題とも似ている。また、上座部の仏教が少数のエリート知識層によって高踏化して、民衆の欲求に応えられなくなったため、クシャーナ王朝下に大乗仏教運動が始まった事情とも共通点をもっている。

スーフィーたちにとっては、イスラームの聖職者ウラマーは、模範的信仰者では必ずしもなかった。例えば中村氏によると、以前に取り上げたジュナイドは、「神は唯一なり」という信仰を表すタウヒードを四段階に分け、低い段階のものから①民衆のタウヒード、②ウラマーのタウヒードとし、スーフィーは③④の段階にあるとした。また、ウラマーの側からは、内面を重視するあまり形式を否定したり、「我・即・真実在」などと唱えたスーフィーを危険な異端者と見た者も多かった。さらに、両者が重視するものの性質に違いがあった。スーフィーたちは（これまで述べてきたように）神との合一体験にもとづく直観を重視したのに対し、ウラマーはイスラーム法の知識や哲学を重視した。このようなスーフィーとウラマーの対立を異常と感じたスーフィーの中には、修行の方法を整理・明確化すると共に、修行者の内面的変化を理論化して、誰でも真偽判断のできるような基準を示そうとした者もいる。サッラージュ（九八八年没）、アブー・ターリブ・マッキー（九九六年没）、カラーバーディ（一〇〇〇年没）、アル・ガザーリー（al-Ghazali, 一一一一年没）などである。

体験や直観を重んじるスーフィズムでは、師と弟子の関係が基本である。入門者は「ピール」とか「シャイフ」と呼ばれる導師につかねばならず、「導師なきムリード（入門者）の導師はサタンなり」と言われた。弟子は師について修行し、一人前のスーフィーとして認可されれば、師を離れて一人立ちし、「シルシラ」（仏教における〝血脈〟）を受け継ぎ守りながら、今度は自分が弟子を指導するようになる。この場合、従前の師との間に組織的関係が残らないのが初期の形だった。ところが、十二～十三世紀ごろからは、師弟関係が組織として残るようになった。つまり、特定の聖者を一種の〝教祖〟として、弟子は各地に散って支部を開くことで、「ターリカ」と呼ばれる恒常的な教団組織が成立してくる。そして、しだいに普通の仕事に従事している民衆を組織化して〝在家〟の信仰の要素を広げてくる。即ち、在家信者を定期的な教団の勤行《ごんぎょう》に参加させたりするようになるのである。勤行のための道場（ザーウィヤ）や集会場（テッケ、ハーンカー）が造られ、そこで集団によるズィックル（称名）などが行われるようになった。

形か内容か？

私はこれまで、主として「歴史的な経緯」をたどりながら、イスラームにおけるスーフィズムの位置を確認しようとしてきた。ここでは、イスラームの教義体系全体の中におけるスーフィズムの位置について考えてみよう。

イスラームには、いわゆる〝聖俗分離〟は存在しないとよく言われるが、ではイスラーム内のあらゆる宗派が〝聖〟の分野にも〝俗〟の分野にも等しなみの注意を払っているかというと、そうではない。もう少し表現を変えると、数多くあるイスラームの宗派の中には、信仰の「内面的深さ」（自覚や悟り）を重視するものと、信仰の「外面的表現」（現実的にどうあるかということ）を重視するものとがある。さらに言い換えれば、信仰の「実体」を問題にする宗派と「形式」を問題にする宗派がある。前者が「シーア派」と「スーフィズム」であり、後者が「スンニ派」である（各派は、さらに細かい宗派に分かれる）。そして、信徒数から言えば、前者は少数派であり後者が多数派で、しかも〝正統派〟とも言われることがある。

しかし、イスラーム研究者の牧野信也氏は、この〝正統派〟という表現に反対して「シーア派とスンニ派のいずれが正統であるか、明確に判定することはできない」と述べている。これと同様のことはキリスト教の「カトリック」と「プロテスタント」の間にも、仏教の「小乗」と「大乗」の間にも言えるから、イスラームを外から眺める我々の立場では「正統」という言葉は使わない方がいいだろう。また「多数派」という言葉を使う場合でも、現在のイラクではシーア派が多数派であり、スンニ派がそれに反発してテロ活動をしていることを思い出せば、イスラームを奉じる各国の事情によって「多数」と「少数」が変わってくることを忘れてはならない。だから牧野氏は、イスラームの内部には「イラン的イスラーム」と「アラブ的イスラーム」の二大潮流があり、それが「シーア派」と「スンニ派」に対応すると述べている。

イスラームはもちろん、アラビア半島で起こった宗教運動である。だからイスラームは初め、〝アラブ的〟以外ではありえなかった。イスラーム運動の地理的拡大とともに、そこから〝イラン的〟なものが発展したという考え方である。では〝アラブ的〟とは何か？牧野氏の説明を聞こう：

彼らは元来、広い意味で沙漠の民であり、極度に厳しい沙漠的自然環境の中で生き抜いていくためには、何よりもまず全く身辺で物に即した具体的な次元において、（中略）視覚や聴覚をはじめとするこの上なく鋭い感覚を身につけていった。そして時々刻々と変る自然条件の下で、これらの鋭い感覚によって得られる、物に即した具体的で正確な情報に基づいて判断し、行動していく。このような具体的・即物的視点が、彼らがものを見、考えるときの基本である。

（『イスラームの根源をさぐる』、四三〜四四頁）

このような伝統の中から、宗教においても具体的・現実的なもの——儀式、儀礼、イスラーム法など——を重視する考え方が生まれたというのである。しかし、宗教における

〝形〟の重視は、前にも触れたように、形さえ守っていればいいという形式主義に堕す危険を伴っている。また、宗教における〝形〟は、地域の自然環境や文化と密接に関係しているから、宗教の伝播《でんぱ》・拡大にともなって、他の地域の事情にそぐわなくなってくるという問題を内包している。そういう〝形式〟のもつ限界性を破ろうとする動きが、拡大する宗教の内部からはやがて生まれてくるのである。

イスラームにおいては、外面的な〝形〟の背後には、必ずそのモトとなる見えない〝内的実体〟（ハキーカ）があるとし、前者よりも後者を重視することで、〝形〟を超えようとする考え方が生まれた。それがシーア派の思想であり、スーフィズムである。シーア派の考え方は、どちらかというと「個人」よりも「社会」や「共同体」において〝内的実体〟を見ようとするのに対し、スーフィズムは（前にも見てきたように）、厳しい修行を通して、個人の心において〝内的実体〟（神人合一）を感じることを主眼としているように思われる。また、理論や教義として〝頭〟で理解するよりは、体で体験し、感じることが重要とされた。

牧野氏の次の言葉は、このようなスーフィズムの特徴をよく表している：

スーフィーは厳しい修業によって自我の意識を消し去ることに没頭するのであるが、この自己否定の道を徹底的に追究していく過程で、自己否定が積極的意味をもつようになり、遂に自己肯定に転ずるのである。すなわち、自我の意識を消しながら我を内面に向って深く掘下げていくと、自己否定の極限において人は己れの無の底につき当り、ここに至って自我の意識は完全に消滅してしまう。ところがスーフィーはまさにこの己れの無の底に、突如として輝き出す神の顔を見る。つまり、人間の内面に起る自我意識の消滅がそのまま、神の実在性の顕現に転換するのである。

（前掲書、五七〜五八頁）

2　イスラームの理性主義

本書の第一部では、ローマ法王、ベネディクト十六世のレーゲンスブルク大学での講義に触れ、そこで言われている「イスラームの神は理性を超えている」という理解は、概括的すぎて正しくないという意味のことを書いた。そして、イギリスのイスラーム研究者、タリク・ラマダン氏（Tariq Ramadan）の同様のコメントを紹介した。ラマダン氏が、その文章の中で理性主義イスラーム思想家として例示しているのは、アル・ファーラービー（al-Farabi, 九五〇年没）、アヴィセンナ（Avicenna, イブン・スィーナー、一〇三七年没）、アヴェロエス（Averroes, イブン・ルシュド、一一九八年没）、アル・ガザーリー（一一一一年没）など六人である。

イスラームは狂信的な宗教では決してなく、永い歴史の中でキリスト教に勝るとも劣らないような、理性にもとづく神学（カラーム）や哲学（ファルサファ）を生み出してきた。

しかし、イスラーム研究家の中村廣治郎氏によると、イスラーム神学がイスラームの中に定着するまでには永い時間がかかったという。その理由は、イスラームの中では特に『コーラン』とスンナを重視する伝統が強く、それを超えた神学的思弁を〝異端的革新〟として排斥する傾向が根強かったからという。中村氏は、イスラームの伝統とは「テクストを文字通りに受け取り、それをそのまま実践すること」であり、「理性に対して啓示を絶対的に優位におく態度」が根深かったと言っている。つまり、イスラームの伝統の主流は「原理主義的」だったと言えるのだろう。そういう意味では、ベネディクト十六世の講義の内容が全く見当外れだったわけではない。ただ、相当程度以上の「例外」があり、それが重要であることを付言すべきだったと思う。

例えば、中村氏は前記のファーラービーとアヴィセンナについて、次のように描いている：

彼（ファーラービー）はトルコ系の学者でダマスカスで没している。アリストテレスに続く「第二の師」といわれるように、プラトン、アリストテレスの著作の注釈者として、また論理学、倫理学、政治学、知識論についての研究者として多くの著作を残し、のちの学者に大きな影響を与えた。

このファーラービーに導かれ、アリストテレスの哲学を完全にマスターして壮大な哲学体系を構築し、晩年にはさらにそれをこえて神秘主義への接近を試みる「東方哲学」を構想したのがアヴィセンナことイブン＝スィーナー（一〇三七年没）である。

（『イスラム教入門』、九二頁）

『コーラン』の翻訳で有名な井筒俊彦氏は『イスラーム思想史』の中で、イブン・スィーナー（以下、ラテン名「アヴィセンナ」を使う）に関して一章を設けて彼の壮大な哲学の一端を紹介しているが、同氏の彼の理性への評価は最大級のものである。例えば、「イスラームのスコラ哲学は彼（アヴィセンナ）をまって、体系化された」[6]、「アヴィセンナはファーラービーとラーズィーの両方の学風を一身に代表し、抽象的思想の側面と、具体的実験的研究の側面とのいずれにおいても優秀な才能を示した」[7]とある。また、彼の代表的著作の一つである『医学典範』については、「この大著は東洋諸国はもとより、西欧においてすら近世に至るまで全医学界を実際に支配したのである」[8]。さらに、彼のもう一つの代表作『治癒』については、「イスラームにおける最も完璧な古典哲学の経典」だと評価し、

「回教徒の間では今なおその権威を保ち、また十二世紀にラテン訳されて中世のキリスト教スコラ哲学の発展に重大な影響を及ぼした」[9]と書いている。

ラマダン氏が、ベネディクト十六世のレーゲンスブルク大学での講義について「イスラームの理性主義の役割を消し去ったヨーロッパ思想史の読み方」だと批判したことを思い出してほしい。この批判には、アヴィセンナが中世ヨーロッパのキリスト教スコラ哲学に〝重大な影響〟を及ぼしたことを含めているに違いない。とにかく、イスラームの伝統を「反理性的」と捉えることは決してできないのである。

イスラーム神学の成立

前章で少し書いたが、イスラームの歴史的発展の初期にあっては「理性」はあまり重要でなく、「理性に対して啓示を絶対的に優位におく態度」が根深くあった。これに対して、イスラームの信仰上の問題を思弁的・論理的方法によって解決しようとする動きが、ウマイヤ朝（六六一〜七五〇年）の末期から起こり、アッバース朝期（七五〇〜一二五八年）にいたって無数の学者や学派を生み出していく。その理由について、井筒俊彦氏は次のように書いている：

ムハンマドは感覚的で非論理的なアラビア人の典型的な偉人であり、そのもたらしたコーランは、こういう視覚的・聴覚的な天才、非論理的な天才の生み出した驚異すべき産物である。イスラームが始まって以来今日に至るまで、あらゆる宗教的、精神的活動の源泉となって来たコーランが、このように非論理的な精神の生み出したものである一事は、イスラーム思想の発展を辿ろうとする者が充分に注意しなければならぬ点である。

（『イスラーム思想史』、一七頁）

井筒氏は、『コーラン』の内容は論理的に見れば矛盾に満ちていたため、「多くの学者はこれらの数々の矛盾を如何にして論理的に解決するかという問題に一生を捧げた」といい、「コーランは真に昔のアラビア人の気持になり切り、アラビア語の美しさを味って読む人に対してでなければ、面白くないし、また本当に崇高な精神的興奮を与えてはくれないのである」[10]とまで言っている。その理由は、『コーラン』がアラビアの砂漠地帯で生きた人々の個物主義的なものの見方、感じ方を基本としていて、「著しく視覚的であり聴覚的な経典」であるからという。『コーラン』は「描写的側面において直接視覚に訴えて来る生々しいイマージュに満ち」ており、「アッラーはあたかも人々の目前にありありと見えるかの如く描かれている(11)」のである。ここでは、個物を超えた「イデア」(理念)とか、個々の円形を超えた「円一般」などというギリシャ的な考え方は、どこにも見当たらないというのである。

ところが、イスラームはムハンマドの死後、たちまちのうちにメソポタミアからシリア、ペルシャ、トルコを席捲《せつけん》し、エジプトから北アフリカへ、さらにインドまで勢力を伸ばす。そこでは、「これらの様々な古代文化圏においてアラビア沙漠の現実主義、個物主義は全く異質的な精神に衝突し、それらとの対決を迫られた(12)」。そして、「純アラビア沙漠的精神は後退し、そこにできた空間にビザンチン的キリスト教の神学が、古代ギリシャ的哲学精神が、ゾロアスタ教的二元論が、シリアの透徹した理性が、ヘレニズム的グノーシスと神秘主義が、目もあやに錯綜《さくそう》しつつ新しい思想を織り出して行く(13)」のである。

イスラーム研究者の小杉泰氏の言葉を借りれば、イスラームの神学は「滔々《とうとう》と流れ込んだギリシャ哲学の影響に対する反作用」として生まれ、「アリストテレスの論理学に代表される理詰めの思考パターンと共に、ギリシャ哲学が好んで話題にしてきた主題がイスラームの宗教思想の中に流入した(14)」ものである。中村廣治郎氏の言うように、伝統的なイスラームの諸学はすべてこのアッバース朝期に花開き、「さらに九世紀には古代・ヘレニズム期のギリシア語文献が大々的にアラビア語に翻訳され、その遺産の継承・発展がなされた[15]」のである。

イスラームの発展に伴うこのような文化的〝鳥瞰《ちょうかん》図〟を描いてみると、イスラームで「理性主義」と呼ばれているものの位置が明らかになる。それは、仏教における「大乗」の教えの登場や、ユダヤ教からキリスト教が分離・発展していった事情とも似ている。それは、ある地方に生まれた天才的宗教家の教えが、いわゆる〝世界宗教〟になるための、「文化的融合」という必然的過程の中で登場しているのである。このことを思うと、私がかつて『信仰による平和の道[16]』の中に書いた次の言葉が、イスラームにも該当することが分かるのである‥

宗教というものはそれぞれの発祥の地における地域的、文化的、時代的な特殊な要請にしたがって登場し、成立するものではあるが、それが真理を説き、時代の変遷にもかかわらず発展していくべきものならば、それは成立当初のローカル色や特殊性から脱却し、普遍的な真理を前面に打ち出すとともに、伝播地においては、逆にその土地

のローカル色や特殊性を吸収し、応用するだけの〝幅〟や〝柔軟性〟をもたねばならないことが分かるだろう。（一七〜一八頁）

ムータジラ派の神学

イスラームの歴史の中で最初に生まれた神学を「ムータジラ派」と呼ぶ。この名前は神学の創始者の名前ではなく、「身を引く」とか「離れ去る」という意味のアラビア語にもとづく。創始者は誰か確定していないが、ワーシル・イブン・アター（七四八年没）あたりから始まったとされる。そういう人々が何から「身を引いた」かも定説はない。自分の師の説から身を引いたとも、左右の極端な説の論争から身を引いたとも、保守的神学者から離れ去ったとも、正統的信仰から離脱したとも言われる。とにかく、それまでのイスラームの『コーラン』と『ハディース』万能の考え方から距離を置く考えを明確に打ち出した人々のことを言うようである。その考えの新しさは、「理性」を重視する点である。重視するだけでなく、真理の基準として「理性」を認め、その絶対的権威を確立したとも言われる。

井筒俊彦氏の次の説明を読むと、その考えが当時の基準からいかに革命的であるかが分かるだけでなく、生長の家の「万教帰一」の考え方との類似性に驚かされる：

従来は真理といえば神の啓示と予言者の言行に依る以外にこれに達する途はなかった。ところがムアタズィラによって始めて理性の自律が認められ、それによってイスラーム思想は哲学的思索の路に巨歩を踏み出すことになった。真理はコーランとスンナの外にも至るところに在る。ギリシャ思想、ペルシャ思想、インド思想、キリスト教、ユダヤ教、形は何であれ、およそ理性の正しくすぐれた行使のあるところ真理は在る。かくて彼らはイスラーム以外の思想伝統にも真理の発露を見、それを探究した。この事実がイスラーム自身の思想発展にいかばかり強力な推進力となったかは想像にかたくないであろう。

（『イスラーム思想史』、五六～五七頁）

このような考え方が、アッバース朝前期からイスラーム界に広がり、八二七年には、第七代カリフ、マームーン（在位八一三～八三三年）がムータジラの教義を公認する法令を発布するに至り、同派の勢力は絶頂に達する。同派の活動は八世紀半ばから約二世紀にわたり、最盛期には六つの分派を包括する強大な神学上の学派を構成して、大小無数の書物が市場に溢れていたという[17]。

これから分かるように、ムータジラ派の思想は、すぐれて哲学的である。例えば、「善と悪」の問題については、次のように考える：

善行悪行いずれにせよ、全て何か行為しようと決意してその行為を創造するのは人間自身に他ならぬ。故に人はこの世で為した事の善悪に従って、来世において賞なり罰なりを受けるのである。こう考えることによって始めて神は悪や不正や非信仰的な行いやまたは宗法違犯を完全に超越したものとして理解される。何故なら、もし神が悪を創造するならば、神は悪であることになってしまう。神が正しいことのみを創造してこそ正義なのではないか。（前掲書、五七頁）

この議論は、「神は正義であるか否か」という大変重大なことを扱っている。つまり、神が正義であるならば、神の創造になるこの世界に悪があるのはなぜか？——という問題である。ムータジラ派の考えによれば、神は正義であるから、不義なことをなさるはずがない。したがって、人間を罪深いものとして創造し、その人間が悪行を犯したからといって、責任を人間に転嫁するような不当なことはされない。人間の行為はすべて人間によって創造されるのであり、したがってその行為の責任が人間に帰せられるのである。

——こういう議論の何が問題か？ その一つは、何が正義（善）であり不義（悪）であるかを判断する基準が「理性」に置かれていて、神に置かれていない点である。言い換えれば、先の議論では、神が創造された人間の中にも「悪」があると理性によって判断している点である。もう一つは、イスラームの「六信」[18]（六つの基本的信仰）のひとつに「定命」（運命）があり、人間の運命はすべて神によって定められているはずなのに、ここでは人間が運命を創造することになっているからである。さらにもう一つ指摘すれば、イスラームでは「最後の審判」の際にムハンマドが信徒の罪を軽くするように、神に「とりなし」をしてくれることになっているが、この議論では、自ら犯した罪は自ら償うとの原則が貫かれている。

読者の多くは、しかしこの議論と生長の家の考え方の間にかなりの共通点を認めるに違いない。

ムータジラ派の考えには、合理主義が徹底されている。このような合理性を『コーラン』や『ハディース』の上位に置くことは、しかし当時の宗教的環境では長続きするものではなかった。井筒氏の言葉を借りれば、「教義は直接に民衆の信仰生活と関係しており、いわゆる善男善女はこういう徹底した合理主義の結論に堪えられなかった」のである。このため、同派の教説を書いた書物は、「保守的な人々のあくなき敵意によって、（中略）組織的に抹殺され、ついにイスラーム主要文化地域にはただの一冊も残存しないという驚くべき事態に立ち至った」[19]という。この激烈な反動の先頭に立ったのが、四十歳まで自身が同派で活躍していたアシュアリー（八七三〜九三五年）であり、彼を端緒としたこの批判勢力の考え方が、やがてイスラームでは〝正統派〟とされるようになる。

アシュアリー派の神学

簡単にまとめてしまえば、アシュアリーはムータジラ派が「最高」の地位に置いた理性を『コーラン』と『ハディース』の下に置くことを主張したのである。小杉泰氏は、この二つの基本経典の復権と、理性との関係について、アシュアリーの考えを次のように分りやすく述べている：

アシュアリーは、それら（基本経典）の内容を信仰の前提としてすべて認める、という立場を取った。といっても、かつてムータジラ派に属し、論理的思考に親しんだ彼は、単に信ずればよいとは言わなかった。理屈で説明できるものは、できるかぎり説明する。（中略）しかし、理屈だけでは説明しきれない教義もある。その場合には、人の理屈の限界を率直に認めて、言われていることを受け入れる態度で臨んだ。

（『イスラームとは何か』、一八六頁）

「善（正義）と悪（不義）」の問題について言えば、アシュアリーの神学ではこうなる――神は正義であることに間違いはないが、この世での正義が何であるかを決めるのは神お一人であって、我々人間が理性によって決めることではない。人間の運命が決まっていることが不義だと考えるのも、それは人間の理性による判断だろう。しかし、神がそれを正義だと考えるならば、神の行うことはすべて正義だと確信するのが信仰者の態度である。[20]

こういう考え方は、人間の理性による価値判断を否定しないまでも、聖典に書かれたことの矛盾も、矛盾としてでなく、神の意思として受け入れよと言っているのだから、理性を信仰の下に置いている。そして、善も悪も神の創造としてあるがままに受け入れるのが信仰者だという意味で、「イスラーム」（神に降伏する）の語義に相応しいかもしれない。しかし、このままでは「人間の理性を創造した神」の意志について考察できず、また信仰者が社会改革を行おうとする動機が生まれない可能性がある。

人間の運命については、もっと複雑な議論になる。アシュアリーは人間の自由意思を認めながら、神による運命を人間が獲得するという「運命の獲得」論を展開する。小杉氏によると、この理論は——「人間は主体的選択を繰り返して人生を生きているが、その主体的選択によって、あらかじめ決められている自分の運命を『獲得』しているのだ、という説明である」[21]。この議論は難解なので、後世の学者たちは難解な議論を形容するのに、「アシュアリー派の運命獲得論のように難しい」と冗談を飛ばしたということだ。

アシュアリーの神学は、「常に理性の自由をコーランに反さぬ程度にのみ限っていた」所に特徴がある、と井筒氏は言う。だから、イスラームの中の「いわゆる正統派（orthodox）の教義に至るには未だ路遠《みち》く」、イスラームの改新は「ガザーリーをまって初めて決定的な形となる」のである。[22]

アル・ガザーリーの思想

アル・ガザーリー（一〇五八～一一一一年）はペルシャの小村、ガザーラに生まれ、すでに幼時に法学の基礎知識を得、その後にニーシャープールのイマーム・ル・ハラマインの門下に入る。ここは当時、イスラーム法学では名門中の名門で、多くの俊才が集まっていたが、ガザーリーはその中でも優秀で、論証法においては誰も彼を凌《しの》ぐことはできず、井筒氏の言葉によると、「老師イマーム・ル・ハラマインは、年若いこの天才に代講をさせ、自分は微笑してじっと聴き入っているのを常とした[23]」と言われている。

二十七歳で師が亡くなり、その後数年間、彼はイスラーム哲学（イスラームでのギリシャ哲学のこと）を修め、特にアリストテレスの思想に専心したという。三十三歳でバグダッドのニーザム学園の教授となり、やがて名実ともにイスラーム神学と哲学の最高権威となる。ところがその頃から、これまで修めた学問に対して彼の心に疑いが生じ、一〇九五年に、彼は意を決して学問の道を他へ譲り、自分はスーフィーの生活に身を投じるのである。井筒氏によると、この期間にガザーリーは「冥想によって神と直接触れるのでなければ決して真の救いは得られないということを確信するに至った[24]」という。そして故郷へ帰って完全な隠者生活に入り、一一一一年に生涯を閉じたのである。

ガザーリーを学問の世界から離れさせた原因は、知（悟性）と信仰との乖離《かいり》、あるいは相反の問題であったようだ。知恵によって神を知ることと、神を信仰することとの間には大きな違いがあり、そもそも知恵によって神を知ることは可能かという疑念が、彼を悩ませたと思われる。そして、彼が行き着いた結論は、「悟性は知の世界においてのみ権威をもち、宗教の世界、信仰の領域では全く何等の権威をもたない。それ故、思弁神学が思弁によって信仰を掩護しようとするものであることを標榜するなどは、笑止の限りなのである。知によって神の認識ができるはずがない[25]」というものだ。「信仰を論理的に演繹《えんえき》して見ても何になろう。数学的に分析して見ても何になろう。それらの徒《いたず》らな試みは、その余りにも浅はかな故をもって、真の信仰に生きる人を淋しくするのみである。人は寧《むし》ろ行為と感情と意志の力によって自らの魂を高めることを志し、そうすることによって自ら『酔っ払わ』なくてはならないのである。すなわち宗教は体験されなければならないのである[26]」と彼は考えた。

しかし、だからと言って、彼は盲目的信仰の復権を訴えたわけではない。彼は理性（悟性）と信仰との双方の重要性を認めながら、宗教においては両者のうち「信仰」を最重要事とすることを主張したのである。だから、彼は「徒《いたず》らに伝統的教えのみに固執して悟性を無視する者は愚人であり、悟性のみに頼ってコーランとスンナを顧みぬ者は迷っている」という言葉を残している。ガザーリーの時代のイスラームは外面的な儀式化や形式化が進んでおり、そういう形式主義に対して理性の側から異議を唱えるとともに、形式化によって失われた信仰の喜びや実感を取り戻すために、信仰の内面的深化を訴えたのである。井筒氏によると、「ガザーリーの史的意義は、この固形化し枯渇した信仰を再び個人の心の温床に移すことによって、その生命を甦らせようとしたところ[27]」にある。

ガザーリーは、「ザイドは家にいる」という言葉を例に引いて、信仰の三つの段階について説いている。「ザイド」とは普通の人の名前だが、ここでは「神」のことだと考えていい。まず、第一段階の信仰は「大衆の信仰」であり、それは、ある信頼できる人が「ザイドは家にいる」と教えてくれたことをそのまま信じて、疑わない種類の信仰である。これは、「ザイド」の存在を信じたのではなく、それを告げた人を信じたにすぎない。第二の段階の信仰は「思弁神学者（哲学者）の信仰」で、彼はそう聞いたならばその家の前まで行って、家からザイドの話し声がするのを聞いて、確かに「ザイドは家にいる」と信じるのである。しかし、本当の信仰は、その次の第三段階へ進まねばならず、それはその家に直接足を踏み入れて自分の目でザイドを見、目と目でザイドと対面するという個人的体験を通して「ザイド」の存在を信じるのである。

この喩えがガザーリー本人の体験にもとづいていることは、容易に想像できるだろう。

神への愛

ガザーリーの神学の中で注目すべきものは「神への愛」についての彼の考えである。彼以前のイスラーム神学では、「人間が神を愛する」ことは比喩的な意味以外では不可能だと考えられていた。なぜなら、愛する対象はまず認識できなければならないし、愛するためには、愛する側と愛される側の間に何らかの共通点がなければならないからだ。ところが、神を感覚でとらえることはできず、神の全貌を人間が認識することは不可能であるし、加えて神とは、人間とまったく異質な存在だと考えられてきたからである。認識や理解をはるかに超えた異質な対象を、人間は愛することはできない――このように、それまでの通説では、愛とは「愛される側」の性質によって引き起こされるものだと考えられてきた。

ところがガザーリーは、これを〝逆立ち〟させて、愛が成立するのは、もっぱら愛する側に原因があると考えた。そして、同じ「愛」であってもその内容は様々で、愛には本質的に次の三種があると主張した――①自己中心の愛、②完全なものへの愛、③愛する側と愛される側の間の一種不可思議の愛、である。①は、自分の存続を維持する感情で、およそ生物すべてにこれがある。本質的には自己愛であり、自己保存本能の発露であり、自分の生命の維持と自分に利益をもたらすものを愛する段階である。

②は、これとは性質が異なり、自分が何らかの意味で「完全である」と認めたものに対して抱く愛であり、憧憬《しょうけい》に近い感情である。愛することによってその対象を自己目的に利用するのではなく、ただそのものの完全さを愛するのである。もちろん〝完璧な美人〟を愛する場合、その美人を自分の側に取っておきたいという欲望が出ることがあるが、その場合は①の愛に転化したと考える。しかし、人間は美人が美しいというだけで、自己目的とは無関係にその美を愛することができる。これは美しい絵画、自然の風景、有徳の人、完璧な数式……等についても、同様に言えることだ。

③の愛とは、ガザーリーによると「恋愛」のようなものである。それは理由がよく分らないのに、相手を愛するのである。これは、相手が自分の存続に有利になるからでも、相手が美しいからでも、相手が完全であるからでもなく、理由がわからずとも、魂をささげるほど愛する。ガザーリーは、そういう愛は謎であるが、実際に存在することを認める

のである（彼がフロイトの精神分析論を読まなかったことは確かであるが、そのことはここでは問題にしない）。そして、これら三種類の愛が同時に体験できるならば、それこそ「至上の愛」と言えるというのである。「神への愛」とは、まさにそういう種類のものだ、と彼は言う。

神は、人間にとって自己の生命の本源であるから、生命を与えてくれた神を愛するのは、①の愛である。神は唯一無比、完全円満、完璧なる存在であるから、その神を愛するのは②の愛である。そして、神と人との間にはいわくいい難い、理屈では説明のできない引き合う力があることも事実だから、③の関係も存在するのである。こう考えていくと、神への愛とは、「すべての存在に対する愛」と同義であることが分かる。いや、人間は一度に様々なものを愛することはできないから、「すべて」を愛することは不可能である。しかし、「神への愛」によってそれが可能となる。神はすべての創造主《つくりぬし》だから、神を愛することを通して、人間はすべてのものを愛することが初めて可能になるのである。こうして、ガザーリーは「神への愛」を通してイスラームの中に初めて「社会への愛」という概念を導入した、と言われている。[28]

ところで、この「神への愛」を至高とする考えに触れた時、読者はデジャヴー（既視体験）のようなものを味わわなかったろうか。そうなのである。同じことはユダヤ教、キリスト教においても説かれている。新約聖書の『ルカによる福音書』第一〇章に、律法学者（ユダヤ教の学者）がイエスを試すために質問をしたことが書いてある：

「先生、何をしたら永遠の生命が受けられましょうか」。（イエスは）彼に言われた、「律法にはなんと書いてあるか。あなたはどう読むか」。彼は答えて言った、「『心をつくし、精神をつくし、力をつくし、思いをつくして、主なるあなたの神を愛せよ』。また、『自分を愛するように、あなたの隣り人を愛せよ』とあります」。彼に言われた、「あなたの答は正しい。そのとおり行いなさい。そうすれば、いのちが得られる」。

（二五〜二八節）

「律法」とはユダヤ教の法律のことであり、イエスは律法学者に対し、ユダヤ教の経典（トーラー）を引用させたのである。「神への愛」を説いているのは『申命記』第六章五節であり、「隣人への愛」は『レビ記』第一九章一八節に説かれている。つまり、イエスはここではユダヤ教の教えを否定しているのではなく、自らの信念として神への愛、人への愛を説いているのである。ユダヤ教、キリスト教、イスラームの三宗教は、同じ神を信じる「セム的一神教」である。だから、それぞれの信仰者が、同じ唯一神が示されたこの共通の教えを誠心誠意守ることができれば、世界は一変すると私は思うのである。

3　権威と権威主義

宗教における権威と権威主義の違いは、微妙ながらとても重要である。

宗教的に権威ある言葉は信仰者から渇望されるが、権威主義的な言葉は忌み嫌われる。

ある人の「権威が失墜する」とき、その人は必ずしも自分の社会的地位や権力を失うわけではない。例えば、ある大学教授がセクハラで訴えられれば、その人の権威はある程度失墜しても、大学教授である身分は必ずしも失わない。それでも有罪判決が出れば身分を失うかもしれないが、それは権威が失われた結果の一つとして権力を失うのであり、その逆ではない。

辞書で「権威」を調べてみると、「①他を支配し服従させる力」という意味と、「②ある方面でぬきんでてすぐれていると一般に認められていること」(『大辞林』)という二つの意味がある。この大学教授の場合、②を失わずとも、①が失われることになるかもしれない。

また、同じ大学教授が、他人の論文を盗用して自分の研究発表をし、それが発覚した場合は、この逆になるかもしれない。彼は、学問的権威を失うが、大学教授の地位にとどまるかもしれないからだ。要するに、「権威」とは、それをもつ人や組織自体の資質と深くかかわっているのである。

これに対して「権威主義」とは、それを唱える人や組織自体の資質を問わずに、その人や組織が唱えることを、権威をもった別の人や組織によって正当化しようとする姿勢である。『大辞林』の定義によれば、それは「権威をふりかざして他に臨み、また権威に対して盲目的に服従する行動様式」とされる。が、この定義では、「権威をふりかざす」という言葉の背後にある「自分の資質と他の権威は別」という要素が、明確に表現されていない。諺に「虎の威を借る狐」というのがあるが、ここに示されている「キツネはトラではない」という事実が、権威主義の本質を表していると思う。権威主義者は、「オレがトラでないことは問題ではない。オレはトラの代弁者だから、オレに従え」という論法で、他人を支配しようとするのである。

さて、それでは宗教の話に入っていこう。イスラーム(そして、他の多くの宗教)における権威は「神」から来る。神の教えが権威あるものであることは、誰でも認める。しかし、何が神の教えであるかについては、大いに論争の余地があるだろう。例えば、イスラームの教えの根源（法源）は『コーラン』と『ハディース』であるとされるが、双方は大部の書物の形で残されているから、浅学の徒が一見すると、理解できない言葉があり、また互いに矛盾し、否定し合うような記述が各所に見られる。そんな場合、ある言葉が何を教えているかを人間が「解釈」しなければならない。また、複数の矛盾する教えが含まれている場合は、どちらの記述が〝神の教え〟であり、どちらがそうでないかを判断しなければならない。いずれの場合にも、人間の理性や感情がそこに介入してくる。だから、宗教の聖典がそこにあるといえども、必ずしも神の教えは明らかではないし、神の教えをめぐる論争が存在しないわけではない。理性と感情をもった多くの人間は、同じ一セットの聖典を目の前にして、「これが神の教えだ」と言い合うが、結局、「これが自分の教えだ」と言っていることが多いのである。

　現代のイスラーム法学者、カリード・アブ・エルファドル氏は、『*And God Knows The Soldiers*』[29]の中で、神の教えを書物や文章（text）から判釈する際、まず最初にすべきことは、その書または文章が本当に「神によるもの」かを判断することであり、次にその文章が何を言っているかを知ることであるという。この二つの過程は、いずれも人間によってなされる以外にない。だから、〝神の教え〟といえども、人間の介入なくして表現されることはないという。しかし、この点を極限まで突きつめていくと、神の教えは解釈者の主観によって変わるし、神の教えは一定していないということになる。誰でも自分の好きな言葉を自由に聖典から引用して、都合の悪い言葉は無視して教えを説いていいことになり、〝神の権威〟そのものが失われてしまうだろう。

これに対して、逆の方向に極端に進む場合がある。それは、すべての問題は聖典の中で解決ずみであるから、信仰者は書かれていることを文字通りに素直に実行すればいいのだ、という考え方である。しかし、こういう文字通りの聖典解釈は教えを硬直させ、応用範囲を狭め、実用的でなくなり、結局、社会から隔絶してしまう。こういう宗教は、権威主義的になるのである。宗教的権威をもつ聖典の文章であっても、このような硬直的な解釈によって、ある文章が「ただ一つの意味しかない」と限定されてしまうと、権威はいつのまにか権威主義へと摩り替わってしまう。複数の解釈が可能な聖典の文章に対して、「これ一つしかない」と限定することは、〝神意〟を人間の理解の範囲内に限定し、権威を権威主義へと堕落させてしまうのである——エルファドル氏は、このように警告している。

これは、聖典の解釈がいかに重大な問題を含んでいるかの指摘であり、直接的にはイスラーム内部の問題を指している。しかし、他の宗教の聖典や教典解釈に関しても重要な示唆を含んでいると思う。

『ハディース』の解釈

こうして行き着いた結論は、宗教上の教典解釈においては――とりわけ大部の書物として成立している教典の解釈においては――宗教上の権威を重視しなければならない一方、権威主義に陥らないように細心の注意が必要である、ということである。ここでいう「細心の注意」とは、教典解釈には、解釈者の主観が入り込む危険性が常にあるから、そのことを十分意識して、できるだけ忠実に教典を解釈しなければならない、ということだった。が、その一方で、教典の文字通りの意味ばかりにこだわって、その教えが説かれた文脈を考えずに解釈すると、教えは硬直化し、応用範囲が狭まり、実用性が失われてしまう。それにもかかわらず、「教典にこう書いてあるのだからこれが正しい」と主張することは、権威主義へ堕落する道である、ということである。

前節で取り上げた本の中で、エルファドル氏は次のような実例を紹介している。一九九六年の三月、アメリカのプロフットボールリーグ（ＮＦＬ）の試合前に国歌が演奏されていたとき、アフリカ系のフットボール選手、マハムード・アブドゥル・ラウフ氏(Mahmoud Abdul Rauf)は、起立して国歌を歌うことを拒否した。その理由は必ずしも明確でないものの、当時言われたのは、アメリカ合衆国の国歌はアフリカ系アメリカ人の抑圧と奴隷制度を体現しているから、それに対して尊敬の念を表して起立することはムスリムである自分の信条に反する、ということだったらしい。NFLは、ラウフ氏に出場停止措置をとったが、二十四時間後に、彼は態度を変えたという。

エルファドル氏は、ラウフ氏のムスリムとしての帰趨《きすう》についてではなく、この〝事件〟に反応して、アメリカのイスラーム組織の一つである「スンナ忠実協会」(Society for Adherence to the Sunnah, SAS)が出した見解を取り上げて、イスラーム法がどのようにして現実生活に適用されるべきかを論じている。その全容は、我々素人にはあまりにも複雑で、専門的で、細密な議論なので、ここでは紹介しない。しかし、ここから教典解釈法の大要だけを抽出して示すことができれば、イスラームを理解するためにも、またその他の聖典の解釈に際しても有意義なことだと思う。

エルファドル氏は、SASが出した見解は、その語調、記述スタイル、結論から見て事実上、イスラーム法におけるファトワー(fatwa)に当たる、と指摘している。つまり、これがアメリカでなく、イスラーム国であったならば、宗教上の一種の〝判決〟が下されたことになるというのだ。そのファトワーはまず、「崇拝」(ibadah)を定義して――崇拝とは、心による、舌による、手による行動で、神が喜ばれるすべてのもの、とする。そして、イスラームのスンナは、誰に対しても尊敬の念を表すために立ち上がることを禁じているとした。そして、そう判断する根拠として、二つの教えを『ハディース』から引用する――①ムスリムにとって神の使徒(ムハンマドのこと)より尊崇に値する人はいないにもかかわらず、ムハンマドを見ても弟子たちは立ち上がらなかった。なぜなら、彼らはムハンマドがそれを嫌うと知っていたからだ。②ムハンマドの弟子の一人が自分を見て立ち上がった人に対して、こう言った――かつて預言者(ムハンマドのこと)が「自分の前で人が立ち上がるのを見て喜ぶ輩には、地獄が用意されている」と言ったのを、私は聞いた。

さらにSASは、別の『ハディース』を引用し、預言者は誰に対しても尊敬の気持からお辞儀をすることを禁じているとした。そして、さらに次のような『ハディース』を引用した:

　モハンマドのある弟子が師のもとに来て、ひれ伏して言った――「シャムの人々は、僧侶に尊敬の念を示すためにひれ伏すのを見たことがあります。神の使徒はそんな僧侶よりもはるかに尊敬に値すると思います」。すると、預言者は答えた――「私がもし、誰かに対して相手が誰であれひれ伏すことを命じるとするならば、その妻に対して、夫にひれ伏せと命じたであろう」。

これらの前例を引き合いに出し、ＳＡＳはそれぞれの場合、「崇拝」と呼ぶほど強い意味のことは意図されていないとした。にもかかわらず、それを示すような動作をすることは禁じられている、とした。したがって、尊敬の念をもって立ち上がることは、イスラーム法によって明確に禁じられていないとしても、少なくとも非難の対象にはなる、とした。そして、ＳＡＳは最後に、忠誠心や忠実さは、不信仰者に向けられてはならないとした。つまり、それは神に対してのみ向けられるべきものだから、不信仰者（とその国や国旗）に対するのは論外である、というわけだ。こうして、アメリカ国旗の前で、アメリカのムスリムが国歌斉唱のために立ち上がることはすべきでない、との判断が正当化されたのである。

このＳＡＳの見解に対して、エルファドル氏はイスラーム法の解釈としては間違っていることを、様々な角度から解き明かしている。

まず全体的な問題として、ＳＡＳの見解は、自分たちの考えが『ハディース』に示された神の意思そのままであるかのような印象を与えているが、これは厳に慎むべきことだという。イスラームの法解釈では、法学者が神の法について言及する場合は、厳密かつ慎重に、そしてもっと真剣な自己への問いかけが義務づけられるという。ある事象に対して、それが神の法に従っているか否かの判断は、その事象に対して肯定的か否定的かを問わず、存在するあらゆる記述を調べ、相互の軽重や矛盾を勘案したうえで結論を出さねばならないという。

例えば、前に書いた「尊敬の念を表すために立ち上がる」ことについての『ハディース』の使い方だが、ＳＡＳの見解では、これについて『ハディース』に記述があることによって、問題はすべて明確に解決するかのように書かれていた。しかし、本当は、そこから問題が始まるのだ、とエルファドル氏はいう。なぜなら、次の段階として、その引用箇所の権威と、目的について語らなければならないからだ。その後には、その教えによってムスリムにどういう義務が生じるか、また生じないか。生じる場合は、その義務の本質とは何か。また、その義務は、他の法的義務や原則に対して、どうバランスさせていくべきか……などが検討されねばならないという。

煩雑さを避けるために、「人の前で立つ」ということだけに問題を絞ろう。エルファドル氏によると、「人の前で立つ」ことにも、状況によっていろいろの意味があるという。例えば、信仰や崇拝の意味でなく、社会的な儀礼やエチケットに従うための場合もあり、すべての場合で禁止されているわけではない。

仮に『ハディース』のある箇所に、ムハンマドが、自分に対して人が立ち上がることを禁じたという記述があったとしても、それには理由があり、「立つ」という肉体的行為そのものが問題なのではなく、その「理由」や「目的」の方が重要である。ムハンマドは、自分が傲慢《ごうまん》にならないために、あるいは神の前で慎む心を失いたくないために、そう命じたのかもしれない。その場合、立つことを禁じる目的は、個別・具体的であるから、どんな場合にも、どんな人に対しても適用されるべき法とは言えない。事実、『ハディース』の中には、ムハンマドが自分の弟子に尊敬の念を示すために立ち上がったという記述があり、また、ムハンマドの前で、弟子たちが互いに尊敬の念を表すために立ち上がったという記述もあり、その際、預言者は弟子たちにそれを禁じていないのである。

このように、「人の前で立つ」ということだけに限って考えてみても、これだけ様々な場合があり、伝統的にはいろいろな評価が下されてきているのである。そのことに全く触れずに、「人の前で立つ＝禁止行為」という単純な図式を描いてみせたＳＡＳの見解は、イスラーム法解釈としてはまったくお粗末なのである。さらに言えば、今回問題になったのは「人の前で立つ」ことではなく、「国歌の前で立つ」ことである。両者は同じでないのに、ＳＡＳは同じに扱っている。また、「人の前で立つ」ことは対人関係に影響を与える行為であるが、今回の〝事件〟は対人関係の場で起こったのではなく、スポーツ・イベントの中で起こったことである。また、イスラーム国の内部で起こったのではなく、非イスラーム国（アメリカ）で起こったことだ。このような違いに全く触れずに、法解釈を行うことは間違いなのである。

また、エルファドル氏によると、預言者の言動にも法的拘束力を生む（legislative）ものとそうでないものとがあり、その二つを正しく分けることがイスラーム法の正当な解釈法だという。スンナ（イスラームの慣習）のうち法的拘束力を生じさせる意図がないとされるものは、例えばムハンマドの個人的な行動や医学、貿易、農業、戦争に関する専門的、技術的知識などである。また、預言者の独特の行状（例えば、妻を七人もったこと）も、一般人に対する法的拘束力は意図されていないという。

『ハディース』とは、預言者とその弟子の言行録であるが、キリスト教の聖書にも『使徒行伝』がある。この書は二八章に分かれ、私の持っている口語訳の聖書では、細かい活字の二段組みで五〇頁以上ある。が、『ハディース』はボリューム的には『使徒行伝』をはるかに凌駕《りようが》する。『使徒行伝』どころか、旧約・新約を含めた聖書全体とほぼ同じか、それより大部の書である。ちなみに日本の口語訳の聖書は、旧約が一三二六頁、新約が四〇九頁で合計一七三五頁あるが、『ハディース』は牧野信也訳、中公文庫のもので、約五〇〇頁の本が全部で六巻ある。この中に、ムハンマドらがいろいろなＴＰＯで、何を言って、何をしたかということが緻密、綿密に書かれているのである。だから、「人の前で立つ」ことについての記述も様々なものがある。にもかかわらず、ＳＡＳは自分の解釈に都合のいいものだけを引用したと言わねばならない。

4 イスラーム法と理性

「イスラームの理性主義」を扱った第2章では、イスラーム神学の各学派が、「理性」をどのように扱ってきたかを概観した。それによると、理性を最大に尊重するのがムータジラ派であり、教典（『コーラン』と『ハディース』）を最大に尊重し、理性をその下に置くのがアシュアリー派だった。「下に置く」といっても、それは「理性を無視する」という意味ではなく、『コーラン』や『ハディース』の記述を現実生活に適用するに際して理性を適用し、また、両教典に定めのない領域においては、アシュアリー派も理性にもとづいた法解釈を行うのである。だから、アシュアリー派といえども、論理性、合理性を重んじていることに変わりはない。そして、イスラーム研究者の小杉泰氏が言うように、「今日に至るまで、アシュアリー神学、およびそれとほぼ同じ内容を持つマートゥリーディー神学がスンナ派の正統神学となっている」[30]のである。

「権威と権威主義」を扱った前章で、私は「人の前で立つ」という行為をイスラーム法ではどう判断するかを、エルファドル氏の解説にもとづいて述べた。この行為がイスラーム法で禁じられているかどうかは、一元的には決められていないというのが、その時の結論だった。にもかかわらず、アメリカのイスラーム主義の団体が、その行為が一元的に禁止されているかのような法解釈を行ったことが、かえって権威のなさを露呈し、権威主義的な態度として批判されたのである。

読者は、この例で感じとっていただけたと思うが、イスラーム法の適用は日常生活の細部にわたっており、また適用の仕方はかなり精緻《せいち》である。「人の前で立つ」という単なる動作の外形を問題にするのでは足りず、その動作がどういう環境で、どういう人に対して、またどういう時に行われるかによって、可否の判断が異なってくるのである。イスラーム学者の井筒俊彦氏は、「リンゴを食べろ」という一つの命令を例に取って、このことを分かりやすく説明している：

例えば「リンゴを食べろ」という命令がある。この文は命令形そのものとして、いますぐ、ここで食べろということか、それとも、後でもいいから、それが可能になったら食べろということか。また後者の場合、可能になった第一段階でか、その後の段階でか。全部食べてしまうべきなのか、一口だけ食べればそれでいいのか。一回だけ食べればそれで命令の効力は消滅するのか、それとも今後何回でも繰り返すべきなのか。一般に誰でも食べろということか、ある特定の人だけが、か。リンゴを食べろとは、リンゴだけを食べることであって、他のものを食べてはいけないという意味まで含意するのか、等々。実に微に入り細をうがって命令法の構造的意味を分析していきます。そしてそれがすべて、神の命令を正確に把握するための理論的基礎とされるのであります。

(『イスラーム文化』、一五〇頁)

理性をフルに使った、このように精緻な分析が必要な理由は、『コーラン』には「リンゴを食べろ」という生活レベルの命令(法)だけでなく、「異教徒を殺せ」というような重大な命令が書かれているからである。この命令を、「見たらいつも、すぐに、全員殺せ」と解釈するのと、「やむを得ない場合だけ、何回も警告した後に、最終手段として、できるだけ少なく殺せ」という命令だと解釈するのとでは、〝神の命令〟の内容がまったく違ってくるし、それを実行した結果も全く異なるだろう。したがって、イスラーム法においては、教典に何が書いてあるかはもちろん重要だが、それに劣らぬほど重要なのが、法解釈の態度や方法であることが分かる。

この辺の事情を、井筒氏は次のように述べている：

イスラーム諸学の哲学に関わる分野において、論理学が特に尊重され、かつ異常な発達をとげましたのは、単にアリストテレスの論理学の影響だけではなくて、実は法的思惟そのものに内在する要請によるところがきわめて大だったのであります。法律の源《もと》は聖典、つまり神の啓示であり、それの法的解釈は純粋に論理的である。イスラーム法はこの点で啓示と理性とのきわめてイスラーム的な出会いだということができます。

（前掲書、一五七頁）

さて、これまでの本書の記述を読んで、イスラーム法は「人の前で立つ」とか「リンゴを食べろ」などという日常生活の細部にわたって規制をかけるのか、と驚いた読者がいるかもしれない。我々のように儒教的倫理思想と西洋式法体系を兼備した社会に生きている人間にとっては、社会習慣、倫理・道徳、宗教それに法律は、互いに内容的には重なるところがあっても、概念としては明確に分かれている。ところがイスラーム社会では、これらが一体となってイスラーム法を形成していると考えていいだろう。井筒俊彦氏は、そのことを『イスラーム文化』の中で次のように描いている：

イスラーム法を叙述した書物を開いてみますと、まず最初に出てくるのは、宗教的儀礼の規則、たとえば、メッカ巡礼のやり方とか、ラマダーン月の断食の仕方、それから日に五回の礼拝の仕方、礼拝に臨む場合の身の清め方――（中略）ところが、すぐその次に、われわれなら民法、親族法として取り扱うはずの家族的身分関係を律する細かい規則が出てきます。（中略）そうかと思うと次に、それにすぐ続けて、こんどは商法関係になって、取引の正しい仕方、契約の結び方、支払いの仕方、借金の仕方、借金返済の方法などです。次は刑法的規定で、（中略）そうかと思うと、食物や飲み物、衣服、装身具、薬品の飲み方、香料の使い方、挨拶の仕方、女性と同席し会話するときの男性の礼儀、老人に対する思いやりの表わし方、孤児の世話の仕方、召使いの取り扱い、はては食事のあとのつま楊枝の使い方、トイレットの作法まである。

（一六〇～一六一頁）

こんな日常の〝些事〟まで規制されるのでは、我々にとっては息が詰まりそうである。が、すべてが「あれはダメ」「これをしろ」とガチガチに規制されているのではなく、許容度に応じて次の五段階の分類があるのだという――①絶対善、②相対善、③善悪無記、④相対悪、⑤絶対悪。このうち「相対善」とは、そうすることは望ましいが、しなくても罰せられないことであり、「善悪無記」とは、してもしなくても奨励も処罰もされないこと。「相対悪」とは、イスラーム法では是認されないが、しても処罰されないことである。

このような法体系ができた理由は、イスラームには「聖俗分離」の考え方がなく、むしろその逆に、神の聖なる秩序を現実生活に表すことが信仰者の生きる道と考える長く、根深い伝統があるからだろう。井筒氏は、ムハンマド・ガザーリーがこのことをどう考えたかを、次のように描いている：

人間生活の全体が、毎日毎日の生活、その一瞬一瞬が、神の臨在の感覚で充たされなければならない。そういう生活様式に人生を作り上げていくことによって、人は神に真の意味で仕えることができるのだ。

（前掲書、一四四頁）

しかし、生身の人間の一挙手一投足が、すべて神の御心への奉仕になるなどということは、理想論としては唱えられても、実際には不可能である。第一、そういう理想的生活が具体的にどういうものであるかを、どうやって知るのか。言いかえれば、日常の細々とした行動の中で「神の意思は何か」をどうやって知るのか？　それらは確かに『コーラン』や『ハディース』に書かれているかもしれないが、そんな大部の書物の内容と解釈をすべて憶え、日常生活に適用できる人がもしいれば、それはきわめて数が少ないだろう。こう考えていくと、「イスラームには中心的権威がない」と言われる理由が、私には何となく分かるような気がするのである。

ここに、「イスラームには中心的権威がない」と書いたのは、「イスラームには宗教的権威がない」という意味では決してなく、「教会組織がない」という意味である。この場合の「教会組織」とは、カトリック教会におけるローマ法王のように、一人の宗教的権威をもつ人間の法解釈に、傘下のすべての聖職者組織や信者が従うというような、中央集権組織ではないということである。このことは、本書第一部の「イスラームにヴァチカンはない」という章でも触れた通りである。イスラーム研究者の小杉泰氏は、イスラームにおける宗教指導者、ウラマーについて、次のように描いている：

ウラマーは「アーリム」の複数形であるが、この言葉は「知識を持つ人」を指す。この知識とは、言うまでもなくイスラームの知識であるが、知識さえあれば誰でもアーリムとなる。ということは、「宗教学者」は特定の位階や職業を指すわけではない。

（『イスラームとは何か』、一四八頁）

つまり、知識の探求は、信仰に発する信徒の一般的な務めであり、（中略）信仰行為の一環であった。このことを言いかえると、信徒が勉強して、知識が十分得られれば「アーリム（知者・学者）」となるだけで、ほかには普通の信徒と何の違いもない。別な言い方をすれば、ひたすら一般信徒だけが存在して、その中で知識を持つ者が「知者・学者」として指導的な役割を担うにすぎない、とも言える。

（同書、一四八〜一四九頁）

こう書いてあるからといって、普通の信徒が数年の勉強で権威あるウラマーになれるわけではない。なぜなら、井筒俊彦氏も言うように、「宗教研究の権威者ともなりますと、狭い意味での宗教や信仰に関することだけでなくて、社会問題、政治問題、法律問題、風俗問題、道徳問題など、人事百般について『コーラン』の名において判定を下すことのできる権威者[31]」でなければならないからだ。このようなウラマーの中でも特に学識や人徳に優れた――イランでは「アヤトーラー」（神の徴）と呼ばれるような――人物は、絶大な権力をもつことになる。

井筒氏の説明を続けて聞こう：

そういう権威者たちが自分自身の『コーラン』解釈に照して、ある『コーラン』解釈が許容範囲を逸脱していると認めれば、ただちに正規の法的手続を踏んで、それに異端宣告することができる。というより、宣告する義務がある。この点で、ウラマーの政治的権力は実に絶大なものであります。なぜなら、いったん異端を宣告されたが最後、その人、あるいはそのグループは完全にイスラーム共同体から締め出されてしまう。

（前掲書、四八～四九頁）

このようにして、イスラーム社会では教会組織が存在しなくても、教典の解釈を一定の範囲内に留めておくための社会的メカニズムは存在しているのである。しかし、その「一定の範囲内」に留まるのであれば、かなりの解釈の自由が許されていると見ることができる。なぜなら、イスラーム法のように、人生の万般に関わってくる規範や規則を、様々な文化圏の多くの人々に単一の解釈のもとに厳密に適用することなど、不可能と思われるからである。

5　イスラームにおける多様と寛容

本書第二部ではこれまで、イスラームが何か狂信的で奇異な信仰ではなく、キリスト教や仏教、さらには西洋哲学とも共通する面を多くもった尊敬すべき信仰体系であり、宗教運動であることを述べてきた。まず、「スーフィズム」と呼ばれるイスラーム神秘主義を概観して、イスラームには修行や直観を重んじて神と人間との合一を目指す伝統が存在することを述べた。

続いて「イスラームの理性主義」に焦点を当てた。これは、直接的にはローマ法王、ベネディクト十六世が「イスラームは理性を尊重しない」と解釈される発言をしたことで、イスラーム世界から猛反発を受けたことがきっかけだった。そして、ファーラービーとアヴィセンナという西洋のスコラ哲学やキリスト教に影響を与えたイスラーム思想家に触れ、さらに、ギリシャ哲学の影響を受けたムータジラ派や、アル・ガザーリーの思想を紹介しながら、そこに生長の家の教義に近い考え方や、示唆に富む思想があることを指摘してきた。

しかし、それらはイスラームの大本の聖典、『コーラン』の考え方ではなく、後世の指導者が付加した一種の〝夾雑物《きょうざつぶつ》〟ではないか、と思う読者がいるかもしれない。これについては、カリード・アブ・エルファドル教授は、『*The Place of Tolerance in Islam*』（イスラームにおける寛容の位置）という本の中で、イスラームの寛容性はコーランの章句の中に直接見出されると指摘している。例えば、イスラームでは、国や文化の違いを超えて共通した宗教的儀礼や義務が課されると考えがちだが、『コーラン』の四九章一三節には、神が人類を多様な国や民族として創造されたことの意義が、次のように説かれている：

これ、すべての人間どもよ、我らはお前たちを男と女に分けて創り、お前たちを多くの種族に分ち、部族に分けた。これはみなお前たちをお互い同士よく識《し》り合うようにしてやりたいと思えばこそ。まこと、アッラーの御目から見て、お前らの中で一番貴いのは一番敬虔《けいけん》な人間。まことに、アッラーは全てを知り、あらゆることに通暁《つうぎょう》し給う。

また、一一章一二〇節には、「もしその気にさえおなりになれば、主は全人類をただ一つの民族にしてしまうこともおできになったのだ」とある。エルファドル氏は、これらの章句は、イスラームの伝統的な法解釈では注目されてこなかったものの、人類の多様性を認めていることは明らかであり、異なった社会間の紛争を平和裏に解決することで「お互い同士よく識り合う」ことを勧めていると解釈できるとしている。

井筒氏も上の引用文の注釈で、これは「自分の部族や血筋をやたらに誇示し合っていた異教時代の風習に反対する」という意味であり、アッラーは「血筋の純正な人」ではなく、「敬虔な人間」を貴ぶという意味だと書いている。[32] つまり、イスラームの神は部族主義とか民族主義を勧めず、人間を平等に扱う中で敬虔さを重んじるという立場なのである。

民族の多様性を認めるにとどまらず、『コーラン』は宗教の多様性も認めている、とエルファドル氏は指摘する。イスラームでは、ユダヤ教徒とキリスト教徒を〝啓典の民〟として認めることはよく知られているが、その意味は「同じ神から異なった啓示の書を受けている民」ということだから、神の立場から見れば、すでに宗教の多様性が前提されているのである。イスラームはもちろん、これら三つの啓典の中では、ムハンマドの受けたものが最終であり、すべてを完結すると主張する。しかし、だからと言って、ユダヤ教徒もキリスト教徒もイスラームに改宗しなければ救われない、とは断言しないのだ。

次の章句を注意して読んでほしい‥

さらに我らはお前には真理の書を下し与えて、それに先立って啓示された聖典の固《かた》めとなし、確めとなした。さればお前は、彼らの間を裁《さば》くにあたっても、必ずアッラーが啓示し給うたところに依拠《いきょ》して行うべきであって、決して彼らの根拠なき思惑《おもわく》に乗せられて真理に背くようなことがあってはならぬ。我らは汝らのそれぞれに行くべき路《みち》と踏むべき大道を定めておいたのだから。

（『コーラン』、五章五二節）

ここにある「お前」とは、啓示を受けたムハンマドのことであり、「彼ら」とはユダヤ教徒とキリスト教徒を指す。「我ら」という表現は、『コーラン』で「神自身」が自分を呼ぶときの言い方で、なぜか複数形で一貫している。これを自然に読めば、神がユダヤ教徒には『トーラー』、キリスト教徒には『聖書』、イスラーム信徒には『コーラン』を与え、それは「それぞれに行くべき路と踏むべき大道を定め」るためだと言っていると解釈できる。そして、問題が起きたときの裁きは、「アッラーが啓示し給うたところに依拠せよ」と言う。注目してほしいのは、「その依拠すべきものはコーランだ」と明確には言っていないことである。したがって、〝啓典の民〟の判断基準は、神が与えられたそれぞれの〝啓典〟の中に見出されるべきとの解釈も成り立つのである。

この解釈の可能性は、前の引用に続く『コーラン』の次の言葉を読めば、さらに現実性を増す‥

勿論、アッラーさえその気になり給えば、汝らをただ一つの統一体にすることもおできになったはず。だが、汝らに（別々の啓示を）授けてそれで試みて見ようとの御心なのじゃ。されば汝ら、互いに争って善行に励《はげ》まねばならぬぞ。結局はみなアッラーのお傍《そば》に還《かえ》り行く身。その時（アッラー）は汝らが今こうして言い争いしている問題について一々教えて下さるだろう。（同章五三節）

三つの一神教の間で言い争いがあったとしても、結局は神の御許《みもと》へ還りいく身なのだから、そこで対立は解消する——と書いてあるのである。これはつまり、ユダヤ教徒もキリスト教徒も、現世でイスラームに改宗しなくても救われるということではないか。また神は、自らその気になれば三つの宗教を統一することができるのに、それをしない目的があると書いている。これは「啓典の民の共存」を説いているのであり、「剣とコーラン」で改宗を迫るイスラームのイメージとは、相当異なると言わねばならない。

次に掲げる章句も、このような信仰の多様性を認めるイスラームの寛容性をよく示している：

もしも啓典の民が本当に信仰し神を懼《おそ》れる人間であれば、今までの悪事は全部水に流して幸福の楽園に入れてやろうものを。もしも彼らが律法《トーラー》と福音と、そのほか神様の啓示して下さったものを立派に実践するようならば、頭上からも脚下からもいろいろと美味しいものを食べさせて戴《いただ》けるだろうに。（同章七〇節）

まことに、信仰ある人々、ユダヤ教を奉ずる人々、サバ人、キリスト教徒、すべてアッラーと最後の日を信じて義《ただ》しい行いをなす者、すべてこの人々は何の怖ろしい目にも遇《あ》いはせぬ、悲しい目にも遇いはせぬ。（同章七三節）

ここにある「サバ人」とは、洗礼を重んじて全身浴をするキリスト教の一派である。だから、『コーラン』が救いの対象とするのは、基本的には同じ神を信仰する一神教徒であるが、「アッラー（神）と最後の日を信じて義しい行いをなす者」という言葉の解釈しだいでは、私は〝啓典の民〟以外の信仰者とイスラームとの共存の余地があると考えるのである。

リベラルなイスラーム

インドネシアは、その人口からいって〝世界最大〟のイスラーム信仰者（約二億人）を抱える国だ。この国には「リベラル・イスラーム」を自称する人々がいる、と国際交流基金（IMF）の小川忠氏は『テロと救済の原理主義(33)』の中で指摘している。彼らは、同国において西洋近代が重視するリベラルな市民社会的価値の実現を目指す若手の知識人たちで、イスラームの教えにもそういう近代的価値観が内包されていると考え、「リベラル・イスラーム・ネットワーク」という組織をもって活動している。代表者はウリル・アブシャル・アブダラ氏（Ulil Abshar-Abdalla）で、その考え方はこれまでのイスラームの常識を覆す内容であったため、保守的なイスラーム主義者からは敵視されることになった。

リベラル・イスラームは、イスラームの教えは「人々のニーズに応じて自由に解釈することが可能」と考える。この考え方は、同じイスラームのスンニ派の立場からは〝革命的〟とも言える。というのは、スンニ派とは十世紀頃までに成立した「四法学派」を正統とする立場であり、これ以降は、イスラーム法学者が教典に解釈を加えることは制限されるようになり、「解釈の門は閉ざされた」とさえ言われるようになっていたからだ。ところがリベラル・イスラームを自称する人々は、『コーラン』の（再）解釈が現代に於いて許されないことはイスラームの発展を阻害し、それ自体の存在を危うくする行為であるとし、時代に合わせた（再）解釈を主張したのである。また、解釈に当たっては、『コーラン』の字義通りの解釈を絶対視するのではなく、倫理的宗教観をもって解釈することで、イスラームは普遍的な人類文明とのつながりをもつことができるとした。

このような柔軟な考え方をもつイスラーム信仰者を、ボストン大学の文化人類学者、ロバート・ヘフナー教授（Robert W. Hefner）は〝市民派イスラーム〟（civil Islam）と呼び、その象徴的存在としてヌルホリシュ・マジッド（一九三九〜二〇〇五年）に注目している。彼は、現代インドネシアの代表的論客であったが、イスラーム諸国では〝常識〟と考えられてきた政教一致の体制についても、「イスラーム国家の樹立は本当のイスラームの教えではない」とし、『コーラン』にも神の命令としてそのようなことは書かれていないと主張した。そして、以下のように、政教分離の必要性を説くのである：

現在のイスラーム指導者は、神の教えと、預言者以後に紛れ込んだ人造の教えとを混同している。イスラームの価値を奉じつつ日々の生活を暮らし、宗教を汚濁に満ちた政治の世界から切り離していくことこそが、神が求める真のイスラームの教え「Tauhid」である。「Tauhid」すなわち妥協なき神の唯一性は、永遠に神聖なるものを人間の作為から切り離していく努力なのであり、神聖なるものはあくまで理性的、科学的であり、近代の合理精神と矛盾しない。

（小川忠著『原理主義とは何か』、二〇五〜二〇六頁）

リベラル・イスラーム・ネットワークを結成したアブシャル・アブダラ氏は、「ナフダトゥル・ウラマー」（Nahdatul Ulama）というインドネシアでは最大で〝保守派〟とされるイスラーム全国組織から出ているという点は、興味深い。彼は、原理主義者によるバリ島でのテロ事件（二〇〇二年十月）後の十一月二十八日に、前述したような内容の論説を全国紙に発表して大きな反響を呼んだが、その論説中にマジッドの名前を一人だけ挙げている。このことからも、両者の考え方が近いことがわかる。

リベラル・イスラームについては、ノースカロライナ大学のチャールズ・クルツマン准教授（Charles Kurzman）が一九九八年に出した本の中で、その歴史的な系譜をたどり、インドネシアを含む東南アジアから北アフリカにいたるまでの地域で、近代以降に登場したリベラルな思想家の考えを概観している。それによると、その思考形式には大別して三種類があるらしい：

①『コーラン』やスンナそのものがリベラルであるとするもの、

②『コーラン』やスンナが直接言及していないものについては、人間の解釈が許されているとするもの、

③『コーラン』やスンナには人間の解釈が許されているとするもの。

このような思考によってリベラルな解釈がなされることで、政教分離も、信教の自由も、

多神教との共存も、さらに女性解放でさえ、イスラームの教えから引き出すことができるというのである。

宗教目玉焼き論

本書第二部では、イスラームの中にすでに存在する多様性と寛容性について概観してきた。その一方で、第一部ではオサマ・ビンラディンやその思想的基盤となっているスンニ派ワッハーブ主義の考え方、イスラーム原理主義の〝祖〟ともいえるサイイド・クトゥブの「神の主権」論などを紹介しながら、〝純血主義〟的で〝非寛容〟な思想も、同じイスラームの教典解釈から導き出されることを示した。こうなってくると、読者の中には「いったい何がイスラームなのか?」「イスラームの〝本当の教え〟は何か?」「イスラームの教義は無秩序なのか?」等の疑問が湧き上がってくるかもしれない。

しかし、私がここで指摘したいのは、「イスラームは特殊な信仰だ」ということではない。何百年、何千年の歴史をもつ世界宗教はすべて、イスラームのような多様な考えを現代にいたるまでに生み出してきている。日本の過去を振り返ってみれば、神道や仏教が社会状況や人々の意識の変化にともなって数多くの異なった宗派を生み出してきている事実が思い出されるし、キリスト教もカトリックからプロテスタントが生まれ、さらにこの二大宗派から数多くの分派が生まれていることは周知の通りである。前節で紹介した『テロと救済の原理主義』の著者、小川忠氏は、同じ原理主義的なものの考え方は、イスラームだけでなく、キリスト教、仏教、ヒンズー教、そして日本の教派神道の中にも見出されることを実例をもって示している。

では、宗教の教えは「何でもあり」なのか？　と読者は疑問を呈するかもしれない。この疑問は、しかし「宗教は変遷しない」という前提に立った疑問ではないか。言い換えれば、「神」や「仏」という不変のもの、または「絶対の真理」を説くのが宗教だから、その教義が様々に変遷するはずがないと考えるのではないだろうか。私はむしろ「宗教は変遷する」ところに重要な意味があると敢えて言おう。それは、宗教が第一に人間のためにあり、人間の意識は時代や場所によって変遷するからである。それは宗教が「神」や「仏」や「唯一絶対の真理」を説いていないという意味ではなく、それら無形の〝中心真理〟を表現するには無限の方法や形があるからである。そのことを、私はかつて次のように書いた：

では、人間の救いが唯一絶対の原理にもとづくにもかかわらず、人類の歴史上になぜいろいろな宗教が現われてきたのだろうか？　それは、人類がいろいろな言語をもち、いろいろな自然環境に棲《す》み、いろいろな文化や社会制度をもち、いろいろな時代を生きてきたからである。つまり、数多くの別々の「神」や「仏」があるのではなく、それ（唯一の救いの原理）を求める人間の側に様々な、多様な要請が生じたときに、「唯一の原理」がそれぞれの要請に応じて多様な形で表現されてきたのである。

（『信仰による平和の道』、二一〇頁）

私は生長の家講習会などで、この考え方を分りやすく説明するために〝宗教目玉焼き論〟なるものを提示してきた（左頁図）。目玉焼きの卵には〝黄身〟と〝白身〟があるように、宗教の教えにも唯一絶対の真理（黄身＝中心部分）と、それを人・時・処に応じて説明するために工夫された教え（白身＝周縁部分）がある、と私は考えるのである。そして、前者は各宗教に共通であり、時代や場所によって変化するものではないが、後者は時代や文化や人々の意識の変化にともなって変遷すると捉えるのである。そうすることで、すべての正しい宗教が、それぞれの成立した歴史的、文化的背景の違いを認めながら、グローバル社会の中で共存していくことができると考える。

幸いにも、前節で紹介した「リベラル・イスラーム」の人々の考え方の中には、このような柔軟な思考法が見出される。彼らは、「イスラームの教えは人々のニーズに応じて自由に解釈することが可能」と考え、解釈に当たっては、『コーラン』の字義通りの解釈を絶対視するのではなく、倫理的宗教観をもって解釈することで、イスラームは普遍的な人類文明とのつながりをもつことができるとしている。また、小川氏によると、スーダンの宗教家、マフムード・ムハンマド・ターハーは、〝黄身〟と〝白身〟という言葉を使わずに、『コーラン』やスンナには〝第一のメッセージ〟と〝第二のメッセージ〟が混在していると捉えた。前者は「時間、空間、対象を限定した指示」で、宗祖ムハンマドが生きた「七世紀のアラビア半島という特殊な時間、空間に生きた人々に対して向けられた指示」である。これに対して後者は「永遠不変の神の啓示」だという。しかし、彼は『コーラン』の大部分がイスラームの〝第一のメッセージ〟であると主張したことで、異端者としてスーダ

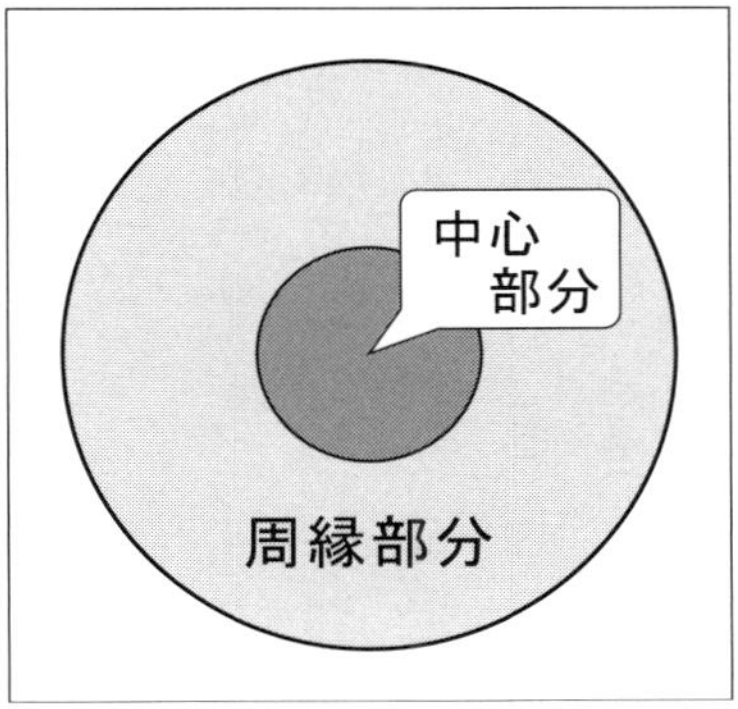

ン政府によって処刑されてしまった。(34)

ムハンマド・ターハーのこの考え方は、私の〝目玉焼き論〟とほとんど同じである。また、リベラル・イスラームの考え方も、イスラームの一部の教えの時代性を認め原理主義を否定する点で、私の宗教観と似ている。また、最大のイスラーム人口を擁するインドネシアにおいて、政教分離政策が採用されて信教の自由が認められ、民主主義が機能している現実を考えるとき、イスラームの多様性と寛容性が世界平和の実現に貢献する時代が来ることが期待できるのである。

6　イスラームの多様性

「イスラームに教会組織がない」ということは、仏教やキリスト教に親しんでいる我々日本の文化環境では不思議に思え、宗教としては何か無秩序で、一種の混乱状態にあるような印象を受ける。実際、私がブログでそのことを書いたとき、そんな感想を述べた人がいる。私も一時、そう考え、ローマ法王を頂点とするカトリック教会の組織のようなものが、イスラームの信仰者の間にできれば……と夢想したほどだ。しかし、エルファドル氏の『*And God Knows The Soldiers: The Authoritative and Authoritarian in Islamic Discourses*』（そして、神は主の軍勢を知り給う――イスラームの議論における権威と権威主義）を読んでから、私は考えが少し変わってきた。今日の世界のイスラーム社会の多様性を考えたとき、この世界宗教に教会組織がないことが、その多様性を保障しているのではないか、と思うからである。

この本のタイトルは、『コーラン』の第七四章三四節に出てくる次の言葉から取られている‥

このようにしてアッラーは誰でも御心のままに迷わせ、また御心のままに導き給う。主の軍勢が（どのくらいあるか）知っているのは御自身ばかり。結局はこれもただ人間どもへのお諭《さとし》にすぎぬ。

『コーラン』のこの章には、地獄の劫火《ごうか》を守る番兵のことが書かれていて、それは「十九の天使」だと書いてある。エルファドル氏は、これがなぜ「二十」や「十八」でなく「十九」か不思議に思ったという。また、この数字の意味について、『コーラン』はわざわざ「その数は邪宗徒どもの躓《つまず》きの種にもとて特に我らの指定したもの」と書いてある。一方、ムスリム以外の〝啓典の民〟はこの数字を見て「確信ができ」、ムスリムは「ますます信仰を深くする」のだという。こういう〝謎〟めいた記述の後に、上に引用した文章が続くのである。読者に気づいてほしいのは、引用文にはもう「十九」という数字は出て来ないで、「主の軍勢はわからない」と書いてあるのである。英語に訳すると「Only God can know God's soldiers.」となるらしい。

井筒氏の日本語訳では「知っている」となっていて「現在の状態」を表しているから、「将来は人間にも分かる」という希望が持てる。が、この英語訳では「神のみが知ることができる」という可能性を表しているから、「過去・現在・未来にわたって人間には分からない」という意味になる。だから、エルファドル氏は、ここの章句は「誰が神の真の戦士であるかは、神以外知ることができない」という意味だと解釈し、神以外の者が、自分を〝神の真の戦士〟だと標榜することはできない、と述べている。人間は皆、神の御心を知り、それに従おうと最大限の努力をするが、結局、自分が〝神の戦士〟として認められたかどうかは、地獄の劫火の前に来るまでは分からないというのである。

エルファドル氏は、この章句は〝荘厳なる権威主義の否定〟だというのである。前章で書いたように、イスラームにおいては「聖職者」という職業はなく、小杉泰氏の言葉を借りれば「ひたすら一般信徒だけが存在して」いるから「神の前の平等」が徹底している。また、カトリック教会や英国国教会のような聖職者組織もない。組織を作れば、ローマ法王のように、その頂点に位置する権威者を設けねばならず、そうなると「神の前の平等」が崩れる。この原則は、『コーラン』第四九章一三節の言葉によく表されている：

まことに、神の御目から見て、汝らの中で最も高貴な者は、神を怖れること最も深き人である。

「誰も神の御心を体現できない」という先の解釈は、この原則とも矛盾しないのである。このような平等主義を〝裏側〟から表現した言葉がある。それは「あらゆる法学者は正しい」という教えで、これはムハンマドの言葉として伝わっている。これに付随して、こんな話もある――もしある法学者の解釈が正しければ、彼または彼女は神から「二」の功績を認められるし、間違っていたら「一」の功績を認められる。エルファドル氏によると、この意味は、人は失敗を恐れずに法（真理）を求めなければならず、その結果、成功にも失敗にも褒賞が与えられるということだ。

先に「イスラーム法と理性」について書き、さらに今「イスラームの多様性」について書いているのには、目的がある。それは、仏教や儒教やキリスト教など、我々日本人が親しんできた宗教と、イスラームとの一つの大きな違いを示したかったからだ。その違いとは、イスラームは基本的に「聖俗分離」（あるいは政教分離）のない宗教であり、信徒のあるべき姿が日常生活の細部に至るまで規定されている、ということだ。その一方で、イスラームは世界宗教であり、アラビア半島やイラン、トルコは言うに及ばず、ヨーロッパ、アフリカ、インド、パキスタン、東南アジア、ロシア、中国……にまで浸透している。ここに一つの大きな疑問が生じる——生活習慣や文化が異なるこのように多様な民族間で、日常生活の細部まで規定する宗教を共通して信仰することが、どうして可能なのか？　私は、その答えは「イスラームに教会組織がない」という、この宗教に特徴的な〝平等主義〟によるところが大きいのではないかと考える。別の言い方をすれば、イスラームがもしカトリック教会のような中央集権的組織の構築を目指したとしたならば、今日あるような多様な民族間に、これだけ多くの信者を擁することはできなかったのではないか。

もちろん、世界最大の宗教であるキリスト教には、中央集権的組織がある。が、その代表であるカトリック教会からはプロテスタントが跳び出し、さらにロシア正教、英国国教会が生まれた。アメリカ大陸に渡ったプロテスタントは、さらに分裂を繰り返している。しかし、キリスト教は聖俗分離の考え方を採用したから、日常生活の細部にまで宗教的義務や戒律の遵守を要求する宗派は少ない。その代わり、〝聖〟（教義）の分野については、それぞれの宗派が中央集権的な教義の判釈《はんじゃく》権を享受しているように見える。〝俗〟（日常生活）の分野においては、キリスト教は伝播地の習俗や文化を取り入れながら拡張したが、

〝聖〟（教義）において統一性を保つことができたため、キリスト教としての同一性を失わなかった――そう考えることはできないか。

〝聖〟と〝俗〟が密接につながったイスラームの場合、発祥地のアラビア半島から離れて勢力を拡大していくにつれて、伝播地の文化や習俗と触れ合うことが、（キリスト教とは異なり）教義の変容につながっていったと見ることができる。このことは、イスラーム最大の教典『コーラン』の説く内容が、いわゆる〝メッカ期〟と〝メディナ期〟の間で相当異なるという事実が有力に示している。また、これは、イスラームの二大宗派であるスンニ派とシーア派の考え方の違いにも表れていると言えよう。イスラームは世界宗教となるに伴い信仰の〝内容〟が多様化した。が、信仰の〝外形〟をそろえることでイスラームとしての同一性を保った――そういう分析ができないだろうか。

もしこのことが正しいならば、イスラームとキリスト教の〝多様性〟について、次のような結論が導き出せるかもしれない。もしキリスト教に〝多様性〟があるとしたら、それは基本的には伝播地の文化や習俗の多様性のことを言うのであって、教義の多様性ではない。しかし、イスラームの多様性とは基本的に〝聖〟（教義）の分野の多様性を言うのであって、〝俗〟（日常生活）の多様性はキリスト教ほど顕著ではない。このような視点を仮設してみると、二〇〇五年三月二十六日に私のブログ(35)に書いた、国際宗教学宗教史会議世界大会(36)での私の観察を、興味をもって振り返ることができるのである。私はこのとき、「戦争と平和をめぐるイスラムの視点」というセッションに出た感想を、次のように書いている：

この三番目のセッションが一番興味深かった。というのは、イラン人の発表者は、「イスラームは人権を尊重し、男女平等を説き、理由のない暴力を許さない教えである」ということを、平坦な調子で原稿を読みながら延々と話した。そのあとでマレーシア人が「『コーラン』はテロリズムを認めない」ことを機関銃のように話した。ブルネイ人もイスラームのいい所を話した。ディスカッションの時間になると、まずドイツ人が手を上げ「今日は学問的分析を聞きに来たのに、宗教講話を聞かされたのには驚いた」と皮肉った。部屋の最後部で手を上げたオーストラリア人は、「もし貴方がたの言うことが正しいなら、9・11のあと、イスラームの宗教指導者たちは、なぜ団結してテロ行為を否定しなかったか？」と質問した。バングラデシュ人の女性も立ち上がり、「貴方がたは言っていることとやっていることが違う」と批判した。

これに対してイスラーム側の反論は……力がなかった。イラン人は「イスラームに多くの教派があり、教えの解釈も教派によって多様だ」と言った。ブルネイ人は、「西側のニュース報道は選択的で、一部の民衆が踊って喜んだことは事実だが、宗教指導者は皆、テロ行為をイスラームにもとると批判した」と言った。最後の方で、大きな白人（国籍不明）が立ち上がってこう聞いた――「イスラームの解釈にそんなに幅があるならば、宗教指導者は何のためにいるのか。民衆は、右から左にいたる大きな解釈の幅を利用して、その時々の感情に合ったイスラームを選択すればいいことにならないか？」――うん、確かにその通りだ、と私も思った。

――教義に統一性のあるキリスト教側から見れば、イスラームの多様性は無原則、無秩序に見えるのである。しかし、イスラームの側から見れば、教義にそれだけ大きな幅が許されているから、多様な民族間にも同じ信仰が共有されてきたのである。どちらが優れているかは、そう簡単に判断できないような気がする。

これまで、日常の細部にわたる規定をもちながら中央集権的組織が存在しないイスラームが世界宗教になった理由を考察し、それは「教義に多様性があるからである」との仮説を提示した。これはあくまでも仮説であるから、事実と違う可能性はある。が、最近、メディアで報道されたインドネシアのイスラーム組織「アフマディア」(Ahmadiyah)をめぐる紛争のことを知ると、この〝教義の多様性〟の問題が実際に存在していることが窺《うかが》える。

二〇〇八年六月十日付の『ヘラルド朝日』紙によると、インドネシア政府は二人の閣僚と法務長官名で、「すべてのアフマディア信徒はその活動をやめよ」との警告と命令を発し、それができない場合は最長で五年間収監されると通告した。このことがなぜイスラームの〝教義の多様性〟を示すかというと、イスラームではムハンマドを「最後の預言者」とする教義が、「神は唯一である」という教義と等しく基本的であるとされているからである。イスラームでは、旧約聖書に出てくるアブラハムも、モーセも、新約聖書のイエスも皆、預言者であり、神の言葉を伝えていると考える。しかし、それらの預言者の締めくくり(『コーラン』では「封印」という言葉が使われている)として、最終的な神のメッセージを伝えるのがムハンマドとされている。記事によると、アフマディアは、その重要な教義を変更して、自分たちの宗派の教祖を預言者として、また救世主として崇拝しているらしい。

ここで気づいてほしいのは、その教義の内容が珍しいということではなく、イスラームの信仰の根幹に関わる重要な点を変更するような宗派が、これまで存在を許されてきたという事実である。アフマディアは、一八八九年にインドのプンジャブ地方で生まれ、教祖はミルザ・グーラム・アハマド（Mirza Ghulam Ahmad, 一九〇八年没）というらしい。現在、世界の一九〇カ国に数百万人の信者を擁し、そのうち約二十万人がインドネシアにいるという。もちろん、イスラームの二大宗派であるスンニ派とシーア派は、彼らをイスラームと認めないとしてきたが、アフマディア自身は『コーラン』の記述を引用して自分たちの正当性を主張し続けてきた。

誤解がないように言っておくと、アフマディアはイスラームの中で自分たちの信仰を自由に享受してきたわけではない。ウィキペディアの記述によると、パキスタンは一九七四年に憲法改正までして、アフマディアをイスラームと認めない決定をしたという。具体的には、この改正により「ムスリム」（イスラーム信者）を「預言者ムハンマドの最終性を信じる人」と定義したということだ。また、バングラデシュでは、アフマディアを公式に異端と決定せよという原理主義勢力の圧力が高まり、二〇〇四年には、アフマディアによるすべての出版が禁止されたという。その理由は、「国民の多数を占めるイスラーム信者の感情を傷つけ、あるいは傷つける恐れがあるから」という。このように、彼らは様々な形で〝弾圧〟を受けてきたが、それでも相当数の信者を擁しながら存続してきた。今回のインドネシア政府の決定は、この〝イスラームの寛容性〟が変化しつつあることを示すのかどうか――それが重要なポイントになるだろう。

この問題に関してもう一つ重要なことは、インドネシアはいわゆる〝イスラーム国家〟ではないということだ。この国は、世界最大のイスラーム人口を抱えているとはいえ、キリスト教のカトリックとプロテスタント、ヒンズー教、そして仏教を、イスラームと共に〝公認の宗教〟とした上で、「信教の自由」を国是とする国である。にもかかわらず、イスラーム信仰者を自称する人々の一部の活動を禁止することは、憲法の精神に背く可能性が強い。だから、今回の政府の決定に対して、原理主義者を除く大多数の穏健なイスラーム信者は、戸惑いを隠せないでいるという。

翌十一日付の『ヘラルド朝日』は、アフマディアの信者が多く住むマニス・ロール(Manis Lor)という町を取材し、おびえた様子の信者の姿を描いている。今回の政府の決定には、政治的意図があるというのが、同紙の分析だ。それは、インドネシアのユドヨノ大統領は来年に選挙を控えていて、自分の支持基盤の一つである保守的なイスラーム勢力の要求を無視できなくなっているからだ。そういう政治目的のために、大統領自身が国是を歪めていいのかどうか――インドネシア国民は、論争の渦中にあった。

7　現代のイスラーム理解のために

二〇〇八年七月十二〜十三日にかけて、東京・調布市の生長の家本部練成道場で「生長の家教修会」[37]が開催された。本教修会は、その前年の夏にニューヨークで行われた国際教修会を受けて、世界第二の宗教であるイスラームを学ぶ場となった。

「日本の一宗教が、日本文化とは関係が薄い世界宗教を学ぶ」と考えると不思議かもしれないが、生長の家は自らを「日本の一宗教」だと考えていないし、自らとイスラームは「関係が薄い」とも思わない。多くの読者はすでに理解されていると思うが、生長の家には「万教帰一」という重要な教義があり、それによると「世界の正しい宗教の神髄は共通している」と信ずるのである。が、単に「信ずる」だけでは、何事も始まらない。現在、イスラームは世界各地で起こる問題に関係していると言われるが、信者は急速に増えている。そんな中で、イスラームが本当に〝正しい宗教〟であり、生長の家とも共通する〝神髄〟をもっていると主張するならば、具体的に何が正しく、何が共通するかを自ら理解しないかぎり、「万教帰一」は〝空念仏〟同然だろう。

そんな意識をもって、私は数年前から、イスラームをめぐる諸問題やその教義に関連して自分のブログに書き継いできた。また、二〇〇七年の国際教修会ではイスラーム法の専門家から、イスラームをめぐる重要な事実をいろいろ学ぶことができた。が、その教修会は日本以外の生長の家幹部を対象としていたので、この時、日本の生長の家本部講師と本部講師補を主な対象として教修会が開かれたのである。幸いにも、前年の教修会でお世話になったイスラーム法学者、カリード・アブ・エルファドル氏の著書の邦訳が間に合ったので、その本『イスラームへの誤解を超えて——世界の平和と融和のために』(=写真、日本教文社刊)をテキストに使った。

本章では、二〇〇八年の教修会で私が

行った講話の内容に沿った話（細部は実際の講話とは異なる）をお届けする――

この教修会に先立って、参加する本部講師、本部講師補からイスラームに関する質問や疑問を募った。イスラームについては、生長の家では多くの本が出ていないが、私は自分のブログで、時宜に合わせてイスラームをめぐる諸問題について自分が学んだこと、感じたことなどを、二〇〇五年の夏ごろから書き継いできた。だから、それを読んでの感想や質問がほとんどだった。ということは、参加者が得たイスラームに関する基礎情報には問題があった。それは、「ブログ」という発表媒体の性格から言って、情報に偏りがあったからである。ブログには日記的性格があるから、その日、その時に、私の周辺で起こる事象や、マスメディアに取り上げられる事象についての言及が多い。学問や研究のように、ある一つの対象を体系的、あるいは網羅的に検討し、分析することなどしない。ということは、イスラームについても、社会的に〝目立つ〟部分――そのほとんどが過激派の起こす事件のような悪い事象――についての言及や検討に偏るから、読者にはどうしても〝群盲評象〟的な印象を与えることになるのである。

私はその危険性に気づいていたから、二〇〇七年の夏にイスラームをテーマにした国際教修会が行われると決まった頃から、メディアで報道されないイスラームの側面で、生長の家の運動の参考になりそうなものを意識的に取り上げ始めた。それは「イスラームの理性主義」であり、「イスラームにおける多様と寛容」であり、イスラームと生長の家の類似点である。こうなると、さらに読者には疑問が生じたようである。その疑問は、イスラームの原理主義者や過激派の暴力事件が世界的に起こる一方で、イスラームの教えの中には、生長の家と共通する理性主義や多様性の尊重があるということになり、イスラームは〝悪〟でもあり〝善〟でもあるという矛盾したメッセージから来たようだ。この善悪混淆のイメージは、場合によっては「善が悪を生んだ」とも捉えられるから、一種の〝認知の不協和〟が生じるのだろう。

この疑問を、エルファドル氏の著書『イスラームへの誤解を超えて』は明快に解いてくれる。その答えは、「イスラームは分裂している」というものだ。同書の「はじめに」でエルファドル氏は次のように語る：

本書の目的は、すでにイスラームに存在している分裂について論じることにある。それは「穏健派」ムスリムとイスラーム「厳格主義者」(puritan)と私が呼ぶ勢力との対立だ。穏健派も厳格主義者も、ともに自分たちが真正イスラームを代表していると主張する。双方とも神の教えを忠実に守っているのはもちろん、その教義はすべて聖典クルアーン（コーラン）と、預言者ムハンマド（神が人類に遣わした最後の預言者）に関する真の伝承に依拠していると考えている。ところが、厳格主義者は、イスラームを改変し、堕落させたのは穏健派だと非難し、穏健派は、厳格主義者こそ解釈を誤ってイスラームを汚し、冒瀆したと糾弾しているのである。

（同書、六〜七頁）

つまり簡単に言えば、我々がマスメディアを通して見聞するイスラームの事件は「厳格主義者」が起こしたものであり、私が本書でも取り上げているイスラームの「理性主義」や「多様と寛容」な内容は、「穏健派」が信奉するものに該当するということだ。エルファドル氏の見解が正しければ、両者は分裂しているのだから、相互の行動や言説が矛盾し、読者に違和感を与えるのは当然のことになる。

ただし、同氏は、このイスラーム内部の分裂は一種の〝鳥瞰図《ちょうかんず》〟的な見方によって把握できるのであり、細かく見た場合には、「現代のイスラーム世界をたった二つのカテゴリーで総括できるわけではない[38]」と注意を喚起する。そして、「どちらかの思想に全面的に依拠するようなムスリムはごくわずかしかいない。ほとんどの者は両極間のどこかに位置しているが、穏健派寄りの考え方をもつ者が多い」という。また、「この二つのグループは、スンナ（スンニ）派やシーア派といった宗教区分とは関係がない[39]」と断言する。このことは、心に留めておいた方がいい。

また、〝厳格主義者〟という分類についても、次のように注意する：

厳格主義といっても、それを標榜《ひょうぼう》する正式な団体や学派が存在するわけではなく、神学上のある思想傾向をあらわすにすぎない。したがって、そこには多種多様の思想や主義主張が含まれるが、すべてに共通する特徴は至上主義的な考え方だ。それによって、得体の知れない「他者」（欧米諸国、一般の不信心者、いわゆる異端のムスリム、女性のムスリムなど）に対して独善的で傲慢な態度をむき出しにしながら、敗北感、無力感、疎外感などを埋め合わせようとする。この意味で、イスラーム厳格主義者を至上主義者（supremacist）と呼んでも間違いはない。というのも、至上主義者は世界を極端に二分し、自分たちだけが優れた立場にいると考えるからだ。厳格主義者は、たんなる護教的姿勢ではなく、「他者」に対して厳しく傲慢な態度で権力を誇示

し、無力感や敗北感を克服しようとするのである。（前掲書、一〇五～一〇六頁）

この引用に出てくる「敗北感」「無力感」「疎外感」については、著者は解説していない。が、私が想像するところ、これは西洋諸国やその文明に対するイスラーム信者側の特殊な感情のことであろう。ウマイヤ朝の始まり（六六一年）から十八世紀までは、イスラーム世界とその文化はヨーロッパを圧倒していたのに対し、十九世紀以降は劣勢に転じ、やがて政治的には植民地化され、宗教的にもキリスト教に凌駕《りょうが》される。そういう欧米に対する歴史的劣等感が、厳格主義運動の背後にあると考えられるのである。

私はこれまで本書で「イスラームには中央集権的権威がない」ことについて何回か書いてきた。例えば、第一部では「イスラームはどうなっている？」という題で、エルファドル氏の本から引用しながら、そのことを短く記述した。また、前章では「イスラームの多様性」と題して、中央集権的権威がないことが、かえってイスラームの多様性を保障してきたのではないか、との考えを述べた。しかし、イスラーム社会におけるこの制度の機能と意義については、こんな短い記述ではうまく伝わらない。その理解のためには、エルファドル氏の前掲書が参考になる。

イスラーム法にもとづく法的判断は「ファトワー（複数形はファタワ）」と呼ばれ、私的公的を問わず、生活万般に適用される。ところが、その〝法的判断〟は西洋型の法による判断とは相当趣を異にするのである。その辺の事情を同氏は、次のように描いている：

「ファトワー」が出されても、ムスリムがそれを信頼するとはかぎらない。受け入れるか拒否するかは、もっぱら一人一人の判断にかかっているのだ。ある法学者の学識と判断力を尊重し、その「ファトワー」に従うグループもあれば、理由はどうあれ、正しいとは考えず、まったく無視するグループもある。ただし、「ファトワー」を受け入れるかどうかの判断は、気まぐれや気分で行うべきものではない。各「ファトワー」をよく検討し、まぎれもなく神の意志であると納得できる場合にかぎり、それに従わなければならない。それぞれの「ファトワー」は、一人の法学者が示した神の意志に関する見解だが、それをうのみにするかどうかは受け取る側の問題なのだ。

イスラーム法によれば、教えを実践しているムスリムは、「ファトワー」を発する法学者の資格や能力はもちろん、その解釈を裏づける証拠にもある程度注意を払って調査したうえで、受け入れるかどうかを決めなければならないとされている。

（前掲書、三三一頁）

この説明を読めば、イスラーム法による法的判断には、西洋型法治国家での法的判断とは相当異なり、〝外的拘束力〟がないということが分かる。私がここで言う〝外的〟の意味は、人を法に従わせる外からの強制力のことだ。例えば、警察官や検察官がどこからか現れて「お前の行為は法律違反の疑いがあるから、別のところで取り調べる」などと言って、うむを言わさず法を守らせるような強制力は、イスラーム法には本来なじまないということだ。この点は理解しにくいので、次に実例を示してみよう。

一九八一年十月六日に、エジプトのサダト大統領暗殺事件が起こった。カイロで行われた第四次中東戦争戦勝記念の軍事パレードの最中、アンワル・エル・サダト大統領[40]の立つ観閲台の前を通過中のトラック部隊から一人の士官が飛び出して手榴弾を投げ、その後、自動小銃を撃ちながら、他の三人の兵士と共に観閲台へ向った。わずか四〇秒前後の攻撃で、大統領を含めて八人が死亡、二十八人が負傷した。この事件の主犯として逮捕・起訴された五人は、二十八歳と二十四歳の士官、書店経営者（29）、そして二十七歳の二人の技師だった。五人はいずれも原理主義組織「ジハード団」のメンバーで、そのうちムハンマド・ファラグという技師が、この組織の理論的指導者だった。

約一カ月半後に行われた公判では、被告は二十四人となり、その中には四十三歳の盲目のイスラーム法学者、オマル・アブドルラハマン（当時、アズハル大学イスラーム法学部講師）が含まれていた。ほとんどが二十代の被告の中で唯一の中年であり、彼がファトワーを出して大統領暗殺を正当化したかどうかが問題になった。藤原和彦著の『イスラム過激原理主義』には、エジプトのジャーナリストによる本からの引用として、この法学者が無罪になった経緯が次のように書かれている：

「神の定めに従って統治しない支配者の血を流すことはシャリーアに適っているか」――。八一年秋、サダト大統領殺害を決意した「ジハード団」メンバーはアブドルラハマンにこう質《ただ》した。特定の人物の名前を挙げない一般的質問だった。「それは合法だ」というのが答えだった。次いで、「ジハード団」メンバーはサダトに対する見解を求めた。そうするとアブドルラハマンは躊躇し「サダトがはっきりと背教の線を越えたとはいえない」と答えた。以後、「ジハード団」はサダト暗殺に関するファトワを彼に求めることを止めた。アブドルラハマンはサダト暗殺後逮捕され、裁判にかけられた。しかし、サダト個人の殺害を合法とはしなかったと主張した。これが認められて無罪となった。
（同書、四四頁）

それでは、アブドルラハマンに代わって誰がファトワーを出したのだろう？　藤原氏によると、それは前述のムハンマド・ファラグという「二十七歳の技師」なのである。彼は技師ではあるが、ジハード団の事実上の最高指導者であったため、死刑を覚悟していたという。当時、ジャーナリストとしてこの公判を傍聴していた藤原氏は、結婚して間もないファラグの妻が同じ傍聴席にいたとして、次のようなエピソードを書いている：

休廷の間、ファラグが妻に手で合図を送る姿が見えた。まず指で自分の胸を指し、それから妻を指した。そしてその指を天に向けて微笑んだ。二人はいつか再び天国で会える――という意味だったのだろうか。
（同書、四三頁）

この話は、二つのことを示している。一つは、現代のイスラーム社会では、イスラーム法をロクに学ばなくても、ほとんど誰もが信仰上の基準となる法解釈を出せるということ。

もう一つは、この法解釈の自由が悪用されて、個人の信念に都合のいいものがイスラーム法として理解される傾向があるということだ。このことをエルファドル氏は、「現代のイスラーム世界に宗教的権威の空白状態が生まれた」と表現している。その理由は、「イスラームの学問と権威にかかわる伝統的な諸制度が崩壊したことにより、イスラームの真正さを規定するメカニズムが、事実上無政府状態に陥った[41]」からだという。

国家転覆につながる重大な政治問題において、このありさまであるから、もっと日常生活に近いレベルでの混乱状態は推して知るべしと言えよう。

同書の中で、エルファドル氏は、サウジアラビアなど今日のイスラーム諸国で〝厳格主義者〟がイスラーム法にもとづく禁止事項として定めている十四の項目を「代表例」として掲げている。同氏によると、これらは「関連も根拠もない証拠に基づい」て押しつけられている「ある種のまったく息苦しい厳格な教義[42]」なのだという。それらを列挙すると：

・あらゆる形態の歌舞音曲を楽しむこと
・宗教番組を除くテレビ番組を視聴すること
・花を贈ること

・拍手喝采すること
・人間や動物の姿を描くこと
・劇に出演すること
・小説を執筆すること
・動物や人間が描かれたシャツを着ること
・あごひげを剃ること
・左手でものを食べたり書いたりすること
・立ち上がって人に敬意を表すこと
・誕生日を祝うこと
・犬を飼ったり可愛がったりすること
・死体を解剖すること

――である。

本書の「権威と権威主義」という章で、私は、一九九六年春にアメリカのプロフットボールリーグ（ＮＦＬ）の試合で起こった〝小事件〟とイスラーム法との関係に触れた。この出来事も、現代イスラームにおける「宗教的権威の空白状態」のもう一つの例として見ることができる。この件では、前記のリストにある「立ち上がって人に敬意を表すこと」をめぐるイスラーム法解釈が問題になったのである。

この年の三月に行われたＮＦＬの試合前に国歌が演奏されていたとき、アフリカ系の選手が、起立して国歌を歌うことを拒否した。起立拒否の理由について当時言われたのは、アメリカ合衆国の国歌はアフリカ系アメリカ人の抑圧と奴隷制度を体現しているから、それに対して尊敬の念を表して起立することはムスリムである自分の信条に反する、ということだったらしい。ＮＦＬは、この選手に出場停止措置をとったが、二十四時間後に、彼は態度を変えたのだ。

さて、この問題をもっと我々に引きつけて考えてみよう。例えば、日本のスポーツ界にはアフリカ等からムスリムの選手が来ているかもしれない。また、日本人でイスラームに帰依している選手がいても少しもおかしくない。例えば、中国でオリンピックが開催されたとき、ある日本人選手がムスリムであることを理由に、表彰台に立って国歌を歌うことを拒否したとする。いったいどんな事態になるだろうか？　私が想像するに、日本中で論争が巻き起こることは確かだ。恐らく、世界的にも論争は飛び火する。日本のオリンピック委員会は、内部規定によってその選手を処分するだろうが、国際オリンピック委員会では見解が分かれる可能性がある。委員の中にムスリムがいる可能性が大きいからだ。世界各地のイスラーム組織からも、それぞれの見解がファトワーとして出されるかもしれない。こうした場合、渦中にいる日本人選手はどうなるだろう？

イスラームに穏健派と厳格主義があり、多数派は前者であることを知っている人と知らない人では、問題の見方に大きな違いが出ることは確かである。

アメリカのスンナ忠実協会のファトワー（法解釈）を例に挙げて、国旗や国歌を尊重する思いから立ち上がることを、イスラーム法に反する行為と解釈する一団の人々がいることを前に述べた。「厳格主義者」とも呼ばれる人々がこれに当たるが、イスラームの習慣では、たとえそのようなファトワーが出たとしても、ムスリム一人一人がそれを受け入れるかどうかは本人しだいである、ということも述べた。すでに「イスラームの多様性」の章で書いたように、イスラーム法の解釈に関しては、「あらゆる法学者は正しい」という教えがある。また、法解釈が正しければ、人は神から〝二点〟をもらえ、間違っていても〝一点〟もらえるという言い伝えもあることを、エルファドル氏の本から紹介した。

これらを総合して考えてみると、イスラーム法は大変寛容であり、それに従う生き方の中にも大いに多様性があることが分かる。だから、先に提示した仮定的な状況――オリンピックで日本人のムスリムが国歌斉唱のために立ち上がることを拒否した場合――においても、いろいろな立場のイスラーム団体から数々のファタワが出されたとしても、最終的な判断は、当の日本人選手自身の選択によることになる。だから、そのことによって国際問題が起こることは恐らくない。なぜなら、「あらゆる法学者（の解釈）は正しい」のがイスラームの考え方だからだ。

そういう意味で、これまでのイスラームの習慣にしたがえば、イスラーム社会内部に争いが起こる可能性は一般的に少ないのである。逆に言えば、イスラームにこのような多様性と寛容性がなければ、どこかの権威あるイスラーム指導者のファトワーが全世界のムスリムを動かすことになり、本来、世界各国の友好と国際平和を推進する目的で行われるはずのオリンピックが、宗教的、政治的対立の場になってしまう危険性があるのである。

かつて私が自分のブログで、イスラームのこのような多様性と寛容性について書いたとき、読者から「もっと中央集権的な宗教的権威を設け、そこが正しい判断を下す方がいい」という意味の意見が出された。これは恐らく、カトリック教会のような宗教的権威を念頭に置いたものだろうが、今日のキリスト教とイスラームの大きな違いを考慮すれば、このような解決の仕方があまり現実的でないことが分かる。第一、イスラーム法に照らして何が「正しい判断」かは、世界各国のムスリムの間でそう簡単に合意できるとは思えない。「犬を飼ったり可愛がったりすること」が教えに反すると考えるグループがいることを思い出してほしい。第二に、キリスト教とイスラームの「大きな違い」の一つは、両者の〝聖俗分離〟についての考え方である。前者は中世ヨーロッパの苦い経験にもとづいて〝聖俗分離〟を行ったが、後者は〝聖俗一致〟を理想としているし、現にそのための諸制度を維持している国もある。これらは、一朝一夕に変えられるものではない。

にもかかわらず、元来イスラームにはない中央集権的権威を設けようとしているのが、ここで言う「厳格主義者」たちなのである。だから、厳格主義者に支配されるイスラーム国家では、伝統的なイスラームの考えとはずいぶん様子が違ってくる。例えば、厳格主義者の代表ともいえるワッハーブ派の考え方は、従来のイスラームが守ってきた多様性と寛容性を極端に制限しようとするものなのだ。エルファドル氏は、その様子を次のように描いている‥

またワッハーブ派は、多様な学派に等しく正統性を認めてきた昔からの習慣を拒否したばかりでなく、見解の相違を認める問題の範囲を大幅に制限しようとした。彼らが正統性を厳密に規定したのは、複数の意見をすべて合法的で有効だと認めるそれまでの習慣が、ムスリムの分裂を招いた一因であり、イスラーム世界の後進性や弱点の原因でもあると考えたからである。（『イスラームへの誤解を超えて』、五三頁）

ワッハーブ派の思想

ここでワッハーブ派の思想を概観してみよう。

ムハンマド・イブン・アブドゥルワッハーブ（一七九二年没）は、ハンバリー派のイスラーム法学者の家系に属していた。ハンバリー派の法学では、イスラーム法の法源である①『コーラン』、②スンナ（『ハディース』等）、③イジュマー（イスラーム共同体の合意）、④キヤース（類推）のうち、①と②のみを重視し、③と④をできるだけ使わないのが特徴である。ワッハーブは、『コーラン』とスンナに書かれていること以外を信仰からの逸脱（ビドア）として激しく反対した。エルファドル氏は、それを次のように述べている：

アブドゥルワッハーブとその信奉者は、中世以降の著名な法学者たちを異端者とみなし、たびたび言葉をつくして激しく非難したばかりか、意見が合わない大勢の法学者の処刑や暗殺も命じた。著作の中で、アブドゥルワッハーブが法学者を「悪魔」(「シャイターン」)や「悪魔の落とし子」と呼んでくりかえし罵倒したため、ワッハーブ派は優れた法学者の名声や威光を汚すことに何の抵抗も感じなくなっていた。彼らによれば、法学者の大半は(中略)堕落しているので、従来の法学派や同時代の法学者に従うのは異端的行為である。厳格な直解主義者以外の者――つまり、理性的な法解釈をしていると疑われた者や、合理主義的な分析法を法解釈に持ち込んだ者は――みな異端者とみなされた。(前掲書、五三頁)

ワッハーブは十八世紀後半に生きた人間である。エルファドル氏によると、この時代にはすでに「近代性によって現実に対する認識が世界各地で大きく変化していた。あらゆる面で絶対主義的な考え方が揺らぎ始め、科学的経験主義が重視されるようになっていたのだ。それとともに、社会的・経済的諸制度もかなり複雑化したため、発展と近代化をめざして四苦八苦する伝統的社会の疎外感が強まった」[43]という。この時代の大きな出来事は、一七九八年五月のナポレオンによるエジプト占領と、それに続くヨーロッパ諸国とオスマン帝国を巻き込んだ紛争である。この紛争から頭角を現したムハンマド・アリー（一七六九〜一八四九年）は、一八〇五年にエジプト総督に就任し、一九五二年のエジプト革命まで続くムハンマド・アリー王朝を成立させる。そして、約半世紀後に日本で実施される〝和魂洋才〟による富国強兵・殖産興業政策に似た近代化政策を実施することになるのである。

この近代性への対応としては、西洋化してイスラームからできるだけ離れようとする運動がある反面、西洋化を拒否しながらも、科学的・合理的思考はイスラームの倫理観と完全に一致するとして、近代性とイスラームを融合させようとする動きもあった。ワッハーブの場合、このいずれとも異なり、「近代性の挑戦と脅威から身を守るため、しいてイスラームの原典に、公私にわたるほぼすべての問題に対する明確な正しい解答を見出そうとしていた」(44)と考えられる。

私は、日本の近代の経験と照らし合わせてみると、この考え方は「尊王攘夷《じょうい》」の思想——とりわけ、国学の系統を引く尊王攘夷論と似たところがあると思う。国学の尊王論は、「記紀の神話を事実として前提し、皇祖神より血統的連続性をもつ天皇に絶対性を認める論理を基礎としていた」（平凡社『世界大百科事典』）のに対し、ワッハーブの思想では、『コーラン』とスンナを神の真実の言葉として絶対化するのが基本だ。「尊王攘夷」という言葉に違和感があるなら、「尊ムハンマド攘夷」と言えばどうだろうか。尊王攘夷運動は、「天皇を尊び外夷を退ける」とのスローガンを掲げて幕府政治を批判したが、ワッハーブが起こした運動は、「コーランとスンナに帰れ」とのスローガンの下に西洋型の近代化政策を批判するのである。

近代のイスラームが幕末の日本と大きく異なる点は、長くて密接な西洋との交流が存在していることだ。日本は島国である上、長期の鎖国をしてきたから、退けるべき「外夷」が何に当たるかは比較的はっきりしていた。それは西洋の文物であり、西洋人であり、西洋思想である。しかし、イスラームは伝統的に西洋との文化的・人的交流がきわめて密接だったから、西洋の影響が最小のものをイスラーム内部に求めれば、それは発祥当時のアラビア的教えとアラビア的文化に限定せざるを得ないだろう。こうして、ワッハーブ主義は、アラブ的イスラームのみを真正とする考えを採用したと考えることができる。エルファドル氏は、そのことを次のように述べている：

ワッハーブ派は、厳密な意味でアラブ世界に属していないものを本質的に疑わしいと決めつける傾向があり、非イスラーム的な影響は、ペルシア、トルコ、ギリシアといった国に由来すると考えていた。たとえば、スーフィズムはペルシアから、聖者信仰や聖墓崇拝はトルコから、また合理主義や哲学はギリシアからそれぞれ入ってきたものとされた。このような主張はあまりに単純すぎるし、不正確でもあるが、ベドウィン［アラブの遊牧民族］の生活で実践されるような厳しい文化的慣行こそ唯一真正のイスラームだ、とワッハーブ派がつねに考えてきたことは間違いない。

（前掲書、五二頁）

ワッハーブは、今日の厳格主義的イスラームの〝教祖〟的位置にある。それはタリバーンやアルカイーダなど、国際的に悪名高いグループが例外なくワッハーブ派の思想に大きな影響を受けているからである。

宗教的権威の空白状態

今日の厳格主義イスラームの起源を、近代日本の〝尊王攘夷〟の思想と似たところのあるワッハーブ主義にまで遡って考えてみた。そこで見出されたことは、厳格主義はイスラームそのものから生まれたのではなく、発祥当時のアラブの遊牧民（ベドウィン）の文化的慣行にもとづくものであり、その後、イスラームが世界宗教として発展するにいたる過程で取り入れてきたスーフィズムの思想、聖者信仰、聖墓崇拝、合理主義（理性主義）、そして哲学的な精緻な思考法などを拒否する、一種の文化主義——もっとはっきり言えばアラブ文化至上主義にもとづくということだった。

これによって厳格主義者が優勢な国において、今日でも暴力事件や宗教的弾圧が多く行われる理由が分かるだろう。狭い文化的思考や行動様式を、多様な民族・文化間に根付かせようとする努力は、上からの〝圧政〟という形で行わざるを得ないからである。実際、十八世紀にワッハーブ派が行った所業は、独裁的弾圧政策であったことを、エルファドル氏は次のように述べている：

確かに、一八世紀にアラビアを征服した際、ワッハーブ派は町や都市を支配下に置くと、必ずムスリムの住民にくりかえし信仰告白を求めた。ただしこの時は、信仰告白と同時に、ワッハーブ派の教義に忠誠を誓えと迫ったのである。指示に従わない住民は、不信心者とみなされ即座に斬殺された。一八世紀のアラビア全土で行われたこの無惨な大虐殺のありさまは、数々の史料に記録されている。
（前掲書、六四頁）

このような説明を聞くと、ワッハーブ派の考え方と行動様式が、長い間のイスラームの特徴であった「多様性」と「寛容性」から大きく逸脱するものだと分かるだろう。宗教的、政治的な過激主義は民衆の支持を得られないから、通常、どこの国でも時間の経過にともなって弱体化し、消滅しないまでも社会的な影響力をもたなくなる。エルファドル氏も、十八世紀から十九世紀までのワッハーブ派について、「しかし結局のところ、あまりに急進的で過激なその思想は、イスラーム世界はもちろん、アラブ世界にも広範な影響を及ぼすことはなかった」(45)と言っている。

しかし、二十世紀になって、再びワッハーブ派は勢いを取り戻す。その理由は、後にサウジアラビアを建国したサウード家とワッハーブ派が密接な同盟関係を維持していただけでなく、アラビアに強力な中央政府ができることを望んでいたイギリスが、この同盟を助けたからである。イギリスの目的は、オスマン帝国を弱体化し、自国企業が油田掘削権を独占するためである。(46)

本来、少数派であった厳格主義者が勢いを増し、穏健派が圧迫されるようになった主な原因の一つには、西洋諸国の植民地政策が挙げられる。この間の様子は、先のエルファドル氏の本(47)に簡潔にまとめられている。また、小杉泰氏も「イスラーム世界の解体」と題して著書(48)で詳しく述べている。これを簡単に言えば、西洋列強は植民地政策の中で西洋型の世俗的な法律制度を導入し、聖俗分離を行った一方、独立後に宗主国から任命された統治者も、西洋教育を受け、ナショナリズムに燃えた軍人がほとんどだったということだ。つまり、イスラームの長い伝統を〝時代遅れ〟として捨て去る努力が、内外の人々によって行われたのである。これに加え、イスラーム学校に資金を供給していた制度が国有化され、教授の任免権を国が握ったため、イスラーム法学者はしだいに官僚化し、西洋の聖職者のように社会的影響力のない存在になっていったという。エルファドル氏は、これを〝宗教的権威の空白状態〟と呼んでいる。

この精神的空白状態の中で、厳格主義的な思想が受け入れられる素地が生まれた、というのがエルファドル氏の分析である。また、イスラーム研究家の小杉泰氏は、これに加えてナショナリズムの勃興《ぼっこう》が、従来からあった「イスラームの館」(ダール・アル・イスラーム)の考えを弱め、これが「イスラーム世界」という国家を超えた宗教的紐帯《ちゅうたい》を消滅させた、と指摘している。

「イスラームの館」という言葉は、従来はイスラーム法が支配する複数の国々を指していたが、小杉氏によると「そのほとんどが列強の植民地となり、ムスリムの統治者もイスラーム法の支配もなくなった。さらに、植民地から独立しても、イスラーム法の支配は戻らなかった[49]」。これは「イスラーム世界の消滅」だと小杉氏は言うのである。これに加えて、オスマン帝国の危機の中でトルコでナショナリズムが発達し、それによってアラブ民族主義が触発されただけでなく、一九四八年のイスラエル建国によってさらにそれが強化された。これらのことも、「イスラームの館」という宗教優先の考え方を大きく後退させた、と小杉氏は指摘する。[50]

もちろん、宗教の権威を回復しようとする〝揺れ戻し〟の動きも何回か起こったが、その評価は必ずしも一定していない。一九七〇年代から八〇年代にかけて起こった〝イスラーム復興〟の運動について、エルファドル氏の評価は案外厳しい：

しかし、大衆運動としてのイスラーム復興は、多くの場合、宗教的権威の空白につけ込む自称シャリーア専門家に先導されたものだった。ムスリムとしての誇りを著しく傷つけられたにもかかわらず、この自称専門家たちには、イスラームの法と思想をさらに完全なものにしたり発展させたりする気はなかった。次第に彼らの関心は、イスラームの教えを権力の象徴として利用し、その大衆に訴える力を強化することに集中していった。そのねらいは、あくまでもイスラームを抵抗と反逆のシンボルにして蔓延する無力感を克服し、ムスリムとしての誇りを取り戻すことにあった。またこのような姿勢は、世界の覇権を握る欧米への抵抗を示す手段にもなり、政治的・社会的・文化的自立を求める世界各国のムスリムの強い願望をあらわす手段にもなった。

（『イスラームへの誤解を超えて』、四八頁）

小杉氏は、現在につながるイスラーム復興は「一九六〇年代後半」から始まったとし、もう少し具体的にその様子を描いている：

復興の現象は、現地で細かく観察すると、ほとんどが草の根レベルでの宗教覚醒や生活改善と結びついている。たとえば、礼拝の励行、モスクの建設、聖典クルアーンの暗唱、断食の推奨、倫理教育の強化など、宗教的な諸側面と関わる復興、あるいは、貧者のための喜捨（募金と分配）、低所得者向けのクリニック、母子家庭の支援、地震等の被災者救援のような社会福祉的な活動などである。富裕層の運動としては、イスラーム銀行の設立などもイスラーム復興の一側面をなしている。

（『イスラーム帝国のジハード』、三二八頁）

小杉氏は、イスラームはこのように〝草の根〟レベルでは生き続けており、それが可能であるのは、家族法の領域でイスラーム的価値観が支持され続けており、「一部の知識人を除いて、国民の多くが結婚や家族について西洋を模倣する気が起きなかったという面もある[51]」からだと説明している。しかし、この家族法の領域（下層）より上にある国家や政治、国際関係という「上層部」の領域では、脱イスラーム化が進んでいるので、イスラーム的でない急進派、過激派、厳格主義者の影響力が行使される余地が生まれている――そう分析するのである。つまり、現代のイスラーム過激派・厳格主義者の問題はイスラームの問題ではなく、「イスラームの欠如」の問題だというのである。次の文章を読んでほしい・・

草の根のイスラーム復興は、下から徐々にイスラーム復興を進め、個人から家庭へ、家庭から地域コミュニティーへ、そして社会全体へ、さらに国家や政治へ、と構想する。急進派は、それでは待ちきれない、国家こそが解決の鍵である、と生き急ぐ。

つまり、国家と政治におけるイスラームの薄い部分に、イスラームを掲げる急進派が浸透するのであろう。言いかえれば、中道派のイスラームが濃いところには、急進派は浸透することができない。中道派の説く路線が力を持っていないところで、急進派の主張は説得力を持つ。

（前掲書、三四三～三四四頁）

この文章の「急進派」を「厳格主義者」、「中道派」を「穏健派」に置き換えれば、この論理はエルファドル氏の「宗教的権威の空白状態」という説明とほとんど同じになる。

本題でこれまで書いてきたことを振り返ると、世界第二の宗教であるイスラームでは、政治や国際関係の面では「厳格主義者」ないしは「急進派」が目立った動きをしているものの、草の根レベルの市民生活においては、「穏健派」ないしは「中道派」が主として家族法と関係する領域で伝統を守り、かつ発展させる形で〝イスラーム復興〟を行っている——という構図が見えてくる。しかし、実際はこのような単純化ではとても表現しきれない種々の考え方や、入り組んだ関係がイスラーム社会の各所に存在するに違いない。いずれにせよ、日本のメディアが伝えるような極端に保守的、暴力的、非人間的、宗教至上主義的なイメージが、イスラーム社会の全体像ではないということだけは確実だろう。

地球社会が成立しつつある二十一世紀において世界平和の方向へ進むためには、イスラームの「穏健派」の声が――換言すれば、穏健な形でのイスラーム復興の様子が、もっと鮮明に世界に知られる必要がある。エルファドル氏は、それを目的に今回の書『イスラームへの誤解を超えて』を世に出したと書いている。国際平和を目的とした生長の家の運動においては、その「穏健派」の信念や信仰をより多く、正しく理解することがさらに必要と考える。その中から、真の協力と協働が生まれるに違いない。

イスラームの館

さて、エルファドル氏の著書の後半では、イスラームの考え方の中で「穏健派」と「厳格主義者」の間で大きく異なるものが対比されている。その中で生長の家の教義とも関係があるものを一つだけ取り上げ、これまで読者が抱いていたかもしれない誤解を正したい。それは、少し前に言及した「イスラームの館」（ダール・アル・イスラーム）という考え方である。

実は、二〇〇五年に日本で行われた「生長の家教修会」[52]で私は一度、この問題を扱っている。この時私は、イスラームの世界観では、「世界は〝戦争世界《ダール・アルハルブ》〟（Dar al-Harb）というイスラームの外側の世界と、イスラーム法の支配する——つまりイスラム教が信仰されている〝ダール・アルイスラーム〟（Dar al-Islam）という二つの領域に分かれる」[53]と解説した。そして、「こういう世界観の中では、イスラームとそれ以外の国々との間には戦争が常に存在することになってしまいます。そういう教えを世界の半数近くの人が信仰しているということになると、平和実現はなかなか難しい」などと言った。しかし、エルファドル氏の本を読んで、そういう世界観は厳格主義者の間では認められていても、現在の穏健派イスラームではもはや採用されていないことを初めて知った。同書には、こうある：

> イスラーム法学者の多くは、世界をいわゆる「イスラームの家」（「ダール・アル・イスラーム」）と、「戦争の家」（「ダール・アル・ハルブ」、あるいは「不信心者の家」を意味する「ダール・アル・クフル」とも呼ばれた）という二つの領域に分けて考えていた。歴史的に見れば、このイスラームの家という概念は、一二世紀におけるキリスト教世

界というローマカトリックの概念によく似ている。「家」という言葉はアラビア語の「ダール」の直訳だが、イスラームの家とはムスリムが支配する領域を意味するのに対して、戦争の家とは非ムスリムの支配領域を意味している。したがって、実質的には、世界をこのように二分して考える法学者がかなり多かったのである。

(『イスラームへの誤解を超えて』、二四二頁)

しかし、エルファドル氏は、この世界観は当時の国際政治の状況を反映したものであっても、「宗教的な思想信条にはほとんど関係がない」と断言し、『コーラン』やスンナにも裏付けられていないと指摘する。[54]また、興味あることに、十世紀以降に書かれた法学書には、世界を三つの領域に分ける考え方がほとんどだという。この三番目の領域は「和平の家」(ダール・アッスルフ)または「協約の家」(ダール・アル・アフド)と呼ばれ、「イスラーム世界と友好関係を保っていた非ムスリム地域」を指しているらしい。そして、この領域は暴力的なジハードの対象にならないどころか、「攻撃したり暴力的手段に訴えたりすれば、罪に問われて罰を受け、その地域の政府に損害を賠償しなければならないとされた」[55]という。

また、さらに時代がくだり、十二世紀以降になると、世界を二分や三分する単純な考え方はしだいに否定され、「世界は多種多様な領域に分かれているという説を唱える法学者が増えてきた」という。この中で典型的なのは、「正義の家」（ダール・アル・アドル）という考え方で、正義が存在するか、自由に正々堂々と信仰行為を実践できるところであれば、政治的な友好関係があろうがなかろうが、そこは真の〝イスラームの家〟と考えるというものだ。この説を採用すれば、ムスリムがアメリカで無事に暮らし、公然と信仰行為を行える状況にあれば、アメリカも〝イスラームの家〟と見なされることになる。そして、この地域には暴力的なジハードは法的に認められないことになるという(56)。

だから、9・11の攻撃や、7・7のロンドンの爆破事件がイスラームの教義にもとづいて行われたとするのは、あくまでも厳格主義者の言い分であり、穏健なイスラームから見れば、十世紀以降の事実を無視したとんでもない屁理屈ということになるのである。

8　イスラームと生長の家

二〇〇七年八月の「世界平和のための国際教修会」はとても刺激的で、内容のあるものだった。この時の教修会のテーマは世界第二の宗教、「イスラーム」についてであった。「万教帰一」を説く生長の家の運動に携わる私たちは、かねてからこの宗教についてよく知りたいと感じてきた。谷口雅春先生はイスラームについて、しかし余り多くのことを話されず、また文章にも残されなかった。近年になって、とりわけ二〇〇一年九月十一日、私たちの想像を絶する破壊と憎悪が宗教の名において行われたという事実に直面してからというもの、イスラームを知ることの重要性はますます強まっている。

この重要性は世界中で感じられていて、9・11以降、イスラームに関する数多くの記事が書かれ、本が出版されてきた。生長の家では〝偉大な宗教〟は皆、人類の中心的価値を共有していると説くが、イスラームの教えが本当にそういう〝偉大な宗教〟の一つであるかという疑問が、私たちの運動の中からも湧き上がっていた。二〇〇四年にブラジルのサンパウロ市で行われた国際教修会(57)では実際、そういう質問が私宛に寄せられたのである。それは、エドゥアルド・ヌネス・ダ・シルバという人からのこんな質問だった：

谷口先生、日本では神道や仏教、キリスト教が広く信じられ、また、いろいろな角度から研究されてきました。しかし、ムハンマドとイスラームについては、尊敬の念は払われていても、あまり詳しく説明されていません。現在、マスメディアがイスラームを盛んに取り上げているだけでなく、キリスト教社会とイスラームとの間に争いが広がっています。生長の家はイスラームをもっと理解すべきではないでしょうか？

教修会の席上、私はこの質問に「まったく同感です」と答えた。だから、やや遅ればせながら、二〇〇七年にイスラームに焦点を合わせた教修会を行ったのである。

教修会の第一日目には、イスラーム思想家で、カリフォルニア大学ロサンゼルス校教授、カリード・アブ・エルファドル博士の講演を聴く光栄に浴した。さらに、同博士と質疑応答の時間をもつこともできた。これにより私たちは皆、イスラームに関する重要な一般的な知識を得ただけでなく、『コーラン』の教えについても学ぶことができた。過去二回、二〇〇三年と二〇〇四年に行われた「世界平和のための国際教修会」では、すべての発表が生長の家の本部講師、あるいは本部講師補によって行われた。同じことが、二〇〇三年から二〇〇六年まで四回行われた日本での生長の家教修会についても言える。しかし、二〇〇七年の国際教修会では、この慣習を破って、初めて外部の専門家を招請することになった。それは、世界第二の宗教とはいえ、イスラームについて、私たちはあまり知識がなかったからである。

そんな状況の中で、このきわめて重要なテーマについてたった一日半、勉強会をしただけで、私はイスラームについて何か決定的なことを言えるとは思わない。もちろん、この教修会以前にも、私はイスラームについてある程度の知識はもっていた。アメリカを襲った同時多発テロ直後から実際、私は自分のブログでイスラームについて書いてきた。しかし、私が書いたものは散発的で、不完全なものだった。また、英語版の『信仰による平和の道』の冊子[58]やポルトガル語版[59]の中にも、イスラームについて触れた箇所はある。しかし、これらの言及は、ひいき目に言っても〝予備的〟であり、量的にも決して多くはない。言いわけがましく聞こえるだろうか。私が言いたいのは、自分はイスラームや『コーラン』の教えの専門家ではないということだ。残念ながら私はここで、イスラームの伝統の複雑さや幅の広さについて述べる時間も、そのための学問的訓練も受けていない。これは、私がイスラームに関心がないという意味ではない。それどころか、この教修会の準備をしながら、私はイスラームについてさらに深く知りたいと思うようになった。これはもちろん、生長の家がイスラームに改宗するという意味ではない。しかし、この宗教の中には、キリスト教や仏教もそうであるように、私たちの心の琴線に触れる何かがあるのだ。それは一体なぜだろう？

イスラームの教えの中にも、生長の家の信仰者もよく知っているようなものがある。そのいくつかを次に見てみよう。エルファドル博士は、その著書『*The Great Theft: Wrestling Islam From The Extremists*』[60]（大いなる盗み――過激派からイスラームを守る格闘）の中で、『コーラン』の中には私たちが驚くような章句があることを教えてくれている。それは二九章四六節にある次の言葉である。注意して読んでほしい：

［ユダヤ教徒やキリスト教徒に］こう言っておくがよい、「わしらは、わしらに下さ

れたものも、お前がたに下されたものも信仰する。わしらの神もお前がたの神もただ一つ。わしらはあのお方にすべてを捧げまつる」と。

読者は、驚いただろうか？　もしそうなら、なぜ驚くのだろう。それは、ユダヤ教、キリスト教、イスラームというアブラハムを起源とする三宗教が一体であることを、『コーラン』自身がここで明確に述べているからだ。このことは、二〇〇七年の教修会で、ブルース・マレリー本部講師が「ユダヤ教、キリスト教との類似点と相違点」について述べた際、各宗教が認める〝啓典〟の状況について次のようにまとめたこととも一致する：

> これらの宗教は、それぞれが選んだ聖典が神の言葉の啓示であると信じている。ユダヤ教では、重要教典は〝トーラー〟であり、キリスト教では聖書である。この聖書とは、〝旧約〟と〝新約〟から成るものだ。イスラームにとって、重要教典は『コー

ラン』である。それぞれが選んだ聖典は同一ではないが、後に生まれた二宗教（キリスト教とイスラーム）は、先に生まれた教典にも、神の説く真理が示されていると認める。しかし、それぞれの宗教は、自分たちが選んだ教典に於いて、最も完全に神の真理が示されていると考えるのだ。そして、自分たちの教典より後に生まれたものは真理とは認めず、先に生まれた教典については、自分たちが選んだ教典に示された〝プリズム〟を通して解釈するのである。

最後の文章に注目してほしい。これは、イスラーム信仰者はユダヤ教の教典にもキリスト教の教典にも、同じ唯一神による真理が示されていると考える、ということだ。もちろんこれらの三宗教は、三つの教典のどれが一番優れているかで意見を異にする。しかし、重要な点は、これら三宗教の礼拝の対象が同一であることを、『コーラン』自体が明確に述べているということで、イスラームでは（ユダヤ教やキリスト教とは違い）それを信じるように教えられているということだ。

私はさらに、〝啓典の民〟という言葉についてエルファドル博士が解説していることに、読者の注意を喚起したい。その言葉がユダヤ教、キリスト教、イスラームの信者を指すことは、すでに学んだとおりである。しかし博士は、前掲書の中で「イスラーム法学者たちは〝啓典の民〟としての地位を、ゾロアスター教徒、ヒンズー教徒、シーク教徒にも与えており、さらに一部の法学者らは、儒教の信者までその中に含める」[61]と言っている。儒教の信者まで〝啓典の民〟に加えて前掲の『コーラン』の章句を解釈すれば、それは生長の家の「万教帰一」の考え方と実質的に違わないことになるだろう。

もし『コーラン』の中で、神がイスラーム信者に対して、すべての〝啓典の民〟に向って「わしらは、わしらに下されたものも、お前がたに下されたものも信仰する。わしらの神もお前がたの神もただ一つ。わしらはあのお方にすべてを捧げまつる」と言うように命じているとしたら、それは非イスラーム信者をイスラームに改宗させるためだろうか。私はそう思わない。『コーラン』には、イスラームへの強制的改宗は神の意思でないと、何回も（二章二五六節、一〇章九九節、一八章二九節などで）述べられているからだ。さらに言えば、エルファドル博士は『*The Place of Tolerance in Islam*』（イスラームにおける寛容性の位置）という著書の中で、『コーラン』には「注目すべき一団の章句」があることを指摘し、そこでは「宗教的な信念と法の体系はいくつも存在し得る」と認めているという。それは例えば、次の章句である：

我らは汝らのそれぞれに（ユダヤ教徒、キリスト教徒、回教徒、それぞれ別々に）行くべき路と踏むべき大道（法規や道徳的行動の規準）を定めておいたのだから。

勿論、アッラーさえその気になり給えば、汝ら（ユダヤ教徒、キリスト教徒、および回教徒の三者）をただ一つの統一体にすることもおできになったはず。だが、汝らに（別々の啓示を）授けてそれで試みて見ようとの御心なのじゃ。されば汝ら、互いに争って善行に励まねばならぬぞ。結局はみなアッラーのお傍に還り行く身。その時（アッラー）は汝らが今こうして言い争いしている問題について一々教えて下さるだろう。

（五章五二〜五三節）

神はここでイスラーム内部のいろいろな教派に向って語りかけているのではなく、〝啓典の民〟全体に呼びかけているのである。だから、この『コーラン』の章句は事実上、神

がユダヤ教徒、キリスト教徒、イスラーム信者にそれぞれ異なった聖典を与えたのは、それぞれの信者がそれぞれの仕方で徳性を追求するためだと述べていることになる。すると、イスラームの教えは、三つの一神教が一体であることを強調していると言え、さらに解釈次第では、この一体性の中には、世界の他の主要な宗教すべてが含まれていると考えることができるのである。

イスラームの理性と論理性

さて、次にイスラームにおける理性と論理性について考えてみたい。なぜならば、私は、イスラームと生長の家がこの特徴を共有していると思うからである。生長の家を学んだ人なら誰でも同意してくれるだろうが、谷口雅春先生が打ち立てられた〝実相哲学〟はきわめて理性主義的であり、論理性に於いて優れている。しかし、二〇〇一年九月、ニューヨークの世界貿易センタービルを崩壊させたテロ攻撃は、非合理で、理屈に合わないと多くの人が感じたことだろう。私も当時、そう感じた。が、イスラームについて書いたエルファドル博士の二冊の本（本教修会のテキスト）を読めば、現代のイスラーム内部には〝厳格主義者〟（puritans）と〝穏健派〟（moderates）という二つの対立勢力が存在し、あのテロ攻撃は〝厳格主義者〟が生み出したものだと分かる。また、私たちが気をつけなければならないのは、マスメディアは「普通でない」「異常な」ことに注目する一方で、穏健なイスラーム勢力についてはほとんど何も報道しないということだ。だから、私たちは「イスラーム」と聞けば、それは普通でない〝厳格主義者〟のことだと考える傾向があるのである。そこで私は、これから少しの間、穏健派イスラームの考え方をいくつかの角度から眺めながら、生長の家の教義と比較してみたい。

本書の第一部で、私はローマ法王ベネディクト十六世がドイツのレーゲンスブルク大学で行った講義によって引き起こされた論争について触れた。その当時、法王は暴力や非合理性とイスラームの教えとを結びつける発言をした、と大々的に報じられたのである。その結果、世界中のイスラーム信者から怒りや抗議の声が次々と上がった。私はその時、ヴァチカンのウェブサイトで見つけた法王の講義文から次の部分を引用し、自分のブログに掲載したのだった‥

　暴力的な改宗に反対するこの議論の中で、決定的なしかたで述べられているのは、このことです。すなわち、理性に従わない行動は、神の本性に反するということです。

（中略）ギリシア哲学によって育てられたビザンティン人である皇帝にとって、この言明は自明なものでした。それに対し、イスラームの教えにとって、神は絶対的に超越的な存在です。神の意志は、わたしたちのカテゴリーにも、理性にも、しばられることはありません。クーリーはそこで、有名なフランスのイスラーム研究者のR・アルナルデスの研究を引用します。アルナルデスは、イブン・ハズムが次のように述べたことを指摘しています。「神は自分自身のことばにさえしばられることがない。何者も、神に対して、真理をわたしたちに啓示するよう義務づけることはない。神が望むなら、人間は偶像崇拝でさえも行わなければならない」。

この文章を読んですぐ分かる問題点は、前にも確認したとおり、『コーラン』は暴力によるイスラームへの改宗を支持していないのに、それを支持しているかのごとく書かれていることである。また、私たちが心しておくべきことは、イスラームの伝統は、キリスト教や仏教もそうであるように、きわめて多面的であり、多様性に満ちているということだ。エルファドル博士は、この点も明確にしている。にもかかわらず、前記の文章では、イスラーム内部のそのような思想の違いを無視して、イスラームの教えがまるで単一的であるかのように扱っている。

前記の引用文でさらに問題なのは、イスラームの伝統が、ギリシャ哲学とその本質的特徴である理性的思惟と無関係であるかのような書き方をしていることだ。オックスフォードのセント・アントニー大学でイスラーム学を教えているタリク・ラマダーン教授（Tariq Ramadan）は、この点を指摘している。二〇〇六年九月二十一日付の『ヘラルド朝日』紙に寄せた「A Struggle Over Europe's Identity」（ヨーロッパの独自性をめぐる苦悶）という論説の中で、ラマダーン教授はイスラーム信者に対して、前記の引用文のような「ヨーロッパ思想史からイスラームの理性主義の影響を消し去ったものの見方」に異議を唱えるよう訴えている。そして、「イスラーム理性主義者であるアル・ファーラービー（十世紀）、アヴィセンナ（十一世紀）、アヴェロエス（十二世紀）、アル・ガザーリー（十二世紀）、アッシュ・シャティビー（十三世紀）、イブン・ハルドゥーン（十四世紀）」はヨーロッパの思想形成に「決定的な貢献」をしたといい、イスラーム信者は「ヨーロッパと西洋社会の基盤となった中心的価値観を共有している」と述べている。

私はここで、イスラームの伝統は、『コーラン』やスンナよりも論理と理性を常に優先してきたと言っているのではない。実際、中村廣治郎氏は『イスラム教入門』の中で、

アル・ファーラービー

アヴィセンナ

アヴェロエス

「カラーム」と呼ばれる理性的神学がイスラームの中に定着するまでには、「永い時間が必要であった」と述べている。中村氏によると、その理由は「コーランとスンナ（模範としての預言者の言動）を特に重視する保守的な〝伝統主義者〟の間で、神学的思弁そのものをビドア（異端的革新）として排斥する根強い傾向があったから[62]」という。しかし、十二世紀までには、理性主義はイスラームの中にしっかりと根付いたのである。

中村廣治郎氏は、理性主義思想家のアル・ファーラービーとアヴィセンナについて、次のように述べている：

　彼はトルコ系の学者でダマスカスで没している。アリストテレスに続く「第二の師」といわれるように、プラトン、アリストテレスの著作の注釈者として、また論理学、倫理学、政治学、知識論についての研究者として多くの著作を残し、のちの学者に大きな影響を与えた。

このファーラービーに導かれ、アリストテレスの哲学を完全にマスターして壮大な哲学体系を構築し、晩年にはさらにそれをこえて神秘主義への接近を試みる「東方哲学」を構想したのがアヴィセンナことイブン＝スィーナー（一〇三七年没）である。

（同書、九二頁）

日本のイスラーム学の重鎮で、『コーラン』の邦訳者として有名な井筒俊彦氏は、大部の『イスラーム思想史』の中で一章を割いてアヴィセンナの哲学を描いている。井筒氏によると、「イスラームのスコラ哲学は彼（アヴィセンナ）をまって、体系化された[63]」のであり、「アヴィセンナはファーラービーとラーズィーの両方の学風を一身に代表し、抽象的思想の側面と、具体的実験的研究の側面とのいずれにおいても優秀な才能を示した[64]」という。井筒氏はまた、アヴィセンナの重要な著書『医学典範』について「この大著は東洋諸国はもとより、西欧においてすら近世に至るまで全医学界を実際に支配したのである」と述べる。さらに、アヴィセンナのもう一つの重要書『治癒』は、井筒氏の言葉で表現すれば、「イスラームにおける最も完璧な古典哲学の経典として、回教徒の間では今なおその権威を保ち、また十二世紀にラテン訳されて中世のキリスト教スコラ哲学の発展に重大な影響を及ぼした[65]」のである。

このように見ていけば、理性と論理性がイスラームの伝統の大きな特徴の一つであることは、明らかである。このような事実が、私たちを含む西側の人間に正しく伝わっていないのは、西側のニュース・メディアによる偏った報道が原因の一部といえる。さらに言えば、イランで優勢なシーア派のイスラームでは、「理性」は独立した法源として認められている。そのことをエルファドル博士は『*The Great Theft*』の中で、「多くの法学者、とりわけシーア派法学者は、理性が独立した法源であると信じた[66]」と書いている。

同博士はまた、イスラームの〝穏健派〟の間ではイスラーム法の理解を助けるものとして「理性」が高く評価されていると述べている。同じ本の中で、博士は「〝厳格主義者〟にとって論理性は（中略）嫌忌すべきものである」と述べているが、〝穏健派〟にとって状況は相当違っている：

（厳格主義者の）このような勝手な理解は、穏健派とは根本的に対立する。穏健派はむしろ、こんな修辞的な質問を提示するのだ——神は我々が人生で直面するほとんどの問題をすでに解決されているのに、なぜ人間に理性を与えて下さったのだろう？イスラーム神学によると、神は天地創造の際に、最高の栄誉に値する一つの神秘を創った、と宣言されている。この神秘こそ論理性であり、理性（アクル）である。しかし、もし厳格主義的な見方を採用すれば、神は人間の生に関わるほとんどすべてのことを疑問の余地なく解決されているのだから、人間が論理性や理性的能力を活用する余地はほとんどなく、残されているのはただ服従するだけ、ということになる。

（同書、一五七～一五八頁）

イマームとは何か？

さて、イスラームの理性に対する一般的な考えは明確になったと思うので、次にイスラームの考え方の中で、生長の家のと大なり小なり似通った、もっと個別的な考え方に焦点を当ててみたい。

これまでの議論の中で、シーア派の思想の理性的側面に触れた。イスラームには大別してスンニ派とシーア派があることは多くの読者もご存じだろう。スンニ派はイスラームの中で多数派を占めるものの、少数派のシーア派も相当な勢力を保っている。両者の違いはどこにあったか？　スンニ派は、信仰者間の会議（シューラ）で選ばれた第一代から四代までのカリフの正統性を主張するが、シーア派は選挙によるカリフ制を認めずに、預言者・ムハンマドの無謬《むびゅう》の後継者として、アリ（Ali）とその子孫をイスラーム共同体の正統な指導者（イマーム）と考えるのである。

そういう制度的な側面とは別に、私はここで両派の思想的・哲学的違いについて述べてみたい。イスラーム思想の研究者、牧野信也氏は、シーア派の考え方を〝理想主義的〟と表現する一方、スンニ派の思想は〝現実主義的〟だと捉える。牧野氏によると、両派間ではイスラーム法を「取り扱う態度が全く違う」のである。スンニ派は『コーラン』とスンナを字義通りに解釈してイスラーム法を導き出す傾向が強いが、シーア派の法解釈はむしろ「隠喩的」（metaphorical）だという。つまり後者は、目に見える文字の意味の背後にある〝見えない意味〟を理解しようと努めるが、その理由は、牧野氏によると、シーア派では「何についても、事の内面を重視する」からという。「いかなるものでも、いかなることでも、それの目に見える表側ではなく、目に見えない内側にこそその実体がある、と考える」[67]のがシーア派の特徴である。だから、イスラーム法の解釈でも、シーア派では神の御心に従うことは、必ずしも法の文面に字義通り従うことではなく、「イスラーム法の内面にひそむ精神的実在に従うことを意味する」[68]のである。

興味あることに、シーア派はこのような考え方を人間に対しても延長する。世間一般では、人間というものを物質的な肉体として捉える。しかしシーア派では、可視的な肉体の内に純粋に霊的な〝天使〟がいて、それを人間の本質と捉えるのである。そして、牧野氏によると、「自己の内部にひそむこの霊的存在、天使的存在を自覚すること、言いかえれば、肉体的人間の純粋な霊的人間への変貌こそシーア的意味での人間の完成である」[69]とする。どこかで聞いたことのある表現ではないだろうか？　この考え方は、「人間は神の子である」という生長の家の信仰と、いったいどれほど違うのだろう？

さて、次に「イマーム」について考えてみよう。シーア派では、イマームという地位を大変重んじるのに対し、スンニ派のイスラームでは、その宗教的権威はさほどのものではない。そんな違いがある理由を、もう私たちは理解できるはずだ。シーア派的ものの見方によれば、人間はみな基本的に〝内部神性〟をもっている。しかし、私たちが日常生活の経験からよく知っているように、誰もがその内部神性を現実に表しているわけではない。

だが、シーア派が信ずるところでは、そういう霊的な、天使的な能力を生まれながらにもっている例外的な人物がたまに現われる。その人こそ、シーア派にとって「イマーム」と呼ぶべき人物であるのだ。

イマームという言葉は、もともと「先に立つ者」という意味である。だからスンニ派では、イマームは集団礼拝などで人々の前に立って儀式をする人にすぎない。しかし、シーア派ではその意味は全く異なる。彼こそ聖典『コーラン』が提示する真理の内的意味を霊的に把握し、イスラームの聖なる世界へ人々を導いていくことができる最高権威者なのである。

さらに、シーア派的考えによれば、預言者・ムハンマドにも目に見える肉体的側面――〝史的ムハンマド〟（歴史上の人物としてのムハンマド）と呼ぶべき側面――があるだけでなく、空間や時間に制約されない内的な霊的実体があるのである。言い換えれば、〝史的ムハンマド〟は、真に存在する永遠の〝内的ムハンマド〟の一つの表現に過ぎない。牧野氏によると、この〝内的ムハンマド〟は、人類の歴史の中で――〝史的ムハンマド〟の死後でさえ――「一人の歴史的人物の中に形をとって現われる。これがイマームに他ならない」[70]という。こうして、シーア派のイマームは、永遠のムハンマドの聖霊の生れ変わりと見なされるのである。

現象の奥の真実在

このような話を聞くと、仏教に詳しい読者の中には、〝永遠のムハンマド〟と大乗仏教でいう「仏」とが驚くほど似ていることに気づく人がいるかもしれない。大乗仏教では、史的存在としての仏は〝永遠の仏〟の一表現に過ぎないと説く。彼は、一説によると紀元前五六三年に生まれ、ゴータマ・シッダールターとして生きた歴史上の人物であるが、これに対し「久遠本仏」は、すべての人のみならず、あらゆる生あるもの、生なきものの内部に宿るところの、時間、空間を超えた存在である。本書の主題はイスラームなので、私はここで仏教に深入りするつもりはない。しかし、大乗仏教の説く〝永遠の仏〟の例として、『法華経』の「如来寿量品」で説かれる「生き通しの如来」について、生長の家創始者、谷口雅春先生は『生命の實相』頭注版第十一巻萬教歸一篇で、次のように書かれていることを指摘したい‥

悟ればそのまま今すぐに自分が多宝仏《たほうぶつ》とわかり、燃燈仏《ねんとうぶつ》とわかり、生き通しの大生命であるということがわかるのであります。「自分は何年何月に生まれて釈氏の宮を出て、何年間修行して初めて仏（神の子）となった」というものではない、無限時間の始めからすでに仏（神の子）であるというふうに釈迦自身お説きになることによって、すべての人も、死後、諸仏に仕えいろいろ修養して仏になるといって記別すなわち仏になる証明を授けたが、人間は本来、そういう時間経過の後において始めて仏になるというようなものではない、無限時間前からすでに仏であり神の子であるという真理をここで、暗に悟れといっていられるのであります。（一四二頁）

さて、話をイスラームにもどそう。多くの読者は、スンニ派が現実主義的で、シーア派は理想主義的だと聞くと、なぜ同じイスラームの中でこのような考え方の違いが生まれるのか、不思議に思うかもしれない。その理由は多くあるに違いない。しかし牧野氏は、この違いの主な原因の一つは、『コーラン』それ自体にあると指摘している。牧野氏によると、『コーラン』に収められた啓示は、預言者の住居がメッカからメディナに移るに伴い、大別して二種あるという。メッカでの啓示は「神への畏《おそ》れ」とその「霊性」が特徴であるのに対し、メディナ時代の啓示は「神への感謝」とイスラーム共同体における「正しい行為」に焦点が移るという。そして、前者がシーア派の哲学とスーフィズムに反映し、後者がスンニ派の現実主義と字義通りの法解釈に結びついたというのである。

私は前節で、シーア派のイスラームでは、「真実在」は物事の目に見える外的形態にあるのではなく、その形態の背後に隠れていると捉える、と書いた。この隠れた「真実在」のことをアラビア語で「ハキーカ」(haqiqa) という。イスラーム信仰者は、実生活を行いながら、この隠れた内的実体を神からの真実のメッセージとして正しく理解すべきとされている。『コーラン』では、そのことを「徴《しるし》」とか「神兆」という言葉で示している：

我らはあの者どもに我らの徴《しるし》を見せてやろうぞ、遠い空の彼方にも、彼ら自身の中にも。そしてこれが真理だということをいつかは彼らにもわからせてやろうぞ。汝の主はあらゆることを立合いで見てい給う、それだけでももう充分過ぎるほどではないか。ああなんたることか、これでもまだ彼ら神様との対面を疑っておるのか。（アッラーが）これほど明らかに一切をぐるりと取り巻いていらっしゃるのがわからないのか。

（四一章五三〜五四節）

彼（アッラー）こそはお前たちのために天から水を降らせて下さるお方。それが飲み水にもなれば、またそれで樹木が（育って）お前たちの家畜の飼料ともなり、また（アッラーは）それでお前たちのために穀物やら、オリーヴやら、棕櫚やら、葡萄やら、そのほかありとあらゆる果実を育てて下さる。まことにこれこそ、ものを考える人にとっては、まぎれもなく神兆というべきではなかろうか。

またお前たちのために夜と昼、太陽と月を使役して下さった。それから星々もまた御命令によって使役されている。まことにこれこそ、もののわかる人にとっては、まぎれもなく神兆というべきではなかろうか。

またお前たちのために地上にたくさん作り出して下さったもの（動物や植物）の種々様々な色どり――まことにこれこそ、注意ぶかい人にとっては、まぎれもなく神兆というべきではなかろうか。

（一六章一〇～一三節）

『コーラン』のこれらの章句は、この世界の物質的事物や事象はすべて、その外見より深い意味をもった神からの「徴」だという意味だ、と牧野氏は説明する。「要するに」と彼は言う、「外の世界、内の世界の一切の現象が神の信号、しるしとして見られるということであり、また人間の歴史に起る事件もすべて神の信号に他ならない。つまり、人間が生きているこの世界は無数の神のしるしの空間としての拡がりであり、歴史は無数の神のしるしの時間としての繋がりだということである[71]」。

牧野氏の解説を読むと、生長の家の教えを知っている読者は意外に思わないだろうか。言っていることは結局、我々の棲《す》む現象世界は、神からのメッセージで満ちているということである。また、多くの読者は、釈迦が苦行をやめ、村の娘・スジャータが提供した粥《かゆ》を食べた後に、悟りを開くに至ったときの言葉として、「山川草木国土悉皆成仏《さんせんそうもくこくどしつかいじょうぶつ》」「有情《うじょう》非情同時成道《ひじょうどうじじょうどう》」を知っている。生長の家では、これらの言葉は実相世界の一光景を描写したものと解釈している。『生命の實相』第十一巻には、この世界に神が現れることを次のように説明している：

（前略）物質世界そのものは神の創造ではない、だからそこに病気も顕われていれば戦争のような悲惨な事実も顕われているのでありますけれども、その奥には生命の実相が光っており、神が光っておりますので、一切万象に神の顕現を見ることができるのであります。それで病気が縁となって神を見る人もあり、苦難が縁となって神を見る人もできるのであります。で、「一切万象」に神の顕現を見るというふうに申しますのも真理でありますので、従来は「生長の家家族の修養および祈願」の箇条書きの中に「いっさいの大自然と生物とを神の生命の顕現なりと信じ、その生命を敬し礼し」と書いてあったのです（後略）。

（一六九〜一七〇頁）

『コーラン』の中の「神兆」の説明と、生長の家の「実相」の理解の間には微妙な、しかし重要な違いがある。しかし、この違いがあったとしても、現象の表面を超えて隠された本質を把握するように求める点では、両者は同じであると言える。

スーフィズムが目指すもの

先に私は、物質的な外見の背後にある、目に見えない〝真実の実体〟（ハキーカ）というものに言及した。シーア派イスラームとスーフィズムで重視されているもので、『コーラン』ではこれを「徴《しるし》」とか「神兆」と呼んでいる。そういう説明を聞いて、読者の中には「唯心所現」の教えを思い出した人もいるだろう。この教えと、物事の表面の奥にある真実在を把握するというイスラームの考え方の間には、確かに類似点がある。

生長の家の信徒にとっては、この世界の現象は〝心の影〟なのだから、現象世界をよくするためには、自分の心の何が〝そこ〟（外界）に反映されているのかを知る必要がある。こうして生長の家では、現象の〝内的原因〟と心の働き方（心の法則）を研究することが重要課題となる。このような、外界を知るために心の内部を探るというこの〝内向きの志向〟は、スーフィズムの中にも見出される。スーフィズムについては第二部の初めで触れたが、ひと言で表現すれば、それは「愛の力を通して、神と人との合一を目指すことを特徴とする、様々な形のイスラーム神秘主義」のことである。この定義は一九九五年版の『*The Oxford Companion to Philosophy*』（オックスフォード哲学事典）にあるものだが、これに加えて次のような説明が付されている――「この（神との）合一を達成するためには、愛とともに艱難《かんなん》も必要とされる」。

ノースカロライナ大学のイスラーム学の権威、カール・アーンスト教授によると、「スーフィーの使う言葉の基本的修辞法……は、内的現実が第一ということ」である。アーンスト教授の著書『*The Shambhala Guide to Sufism*』（スーフィズムへの案内）から少し引用しよう：

コーランの章句を使いながら、スーフィーたちは神のことを〝最初にして最後、外部にして内部〟だという。神をすべての存在の内的要素であると強調すると、内部と外部との関係をきちんと表現することが求められる。これを最も充分に達成しているのが、三段階で韻を踏みながら唱える次の言葉である――外的な形としてイスラーム法（シャーリアー）があり、内的方法としての道（タリーカ）があり、神はつねに実在（ハキーカ）である。この種の修辞形式の表現は、イスラーム信仰者の宗教生活の外面を内面化するものとして、スーフィーたちの特徴的な修行法を位置づけるのである。スーフィズムは、当たり前の外的生活から始まって、神の内的実在を発見するための方法だった。

（二六頁）

この引用文はなかなか難解である。しかし、ここで言わんとしているのは、スーフィズムは、観察者の心の状態を変えることによって、一見瑣末《さまつ》で当り前に見える〝実在〟の、より深く、非日常的な次元を露呈させる試みである、ということだろうか。

『イスラームの根源をさぐる』という本の中で、牧野信也氏は多層構造の二等辺三角形を逆立ちさせて二つ並べ、スーフィズムの世界観を表現している。この図によると、左側の三角形は人間の意識を表し、右側は私たちの目の前の世界を表している。二つの三角形の構造がまったく同じであるのは、スーフィズムでは「客観的現実世界の多くの層と主観的意識の多くの層との間に一対一の対応関係があると考える」[72]からである。つまり、私たちの意識が深まれば深まるほど、目の前には深遠なる現実が姿を現すのである。

　この図を見てわかるように、これらの三角形は五層からなる。左側の三角形に注目してほしい。牧野氏の説明では、最上層は、感覚器官を通してもたらされる私たちの意識――つまり欲望――で、これを「命令する魂」という言葉で表している。第二層は私たちの理性と良心の宿る場所で、これを「批判する魂」と表現し、第三層は瞑想中に到達する「安定した魂」、第四層は深い神秘的意識を表す「幽玄の魂」、そして第五層は聖なる意識である「秘密の魂」である。

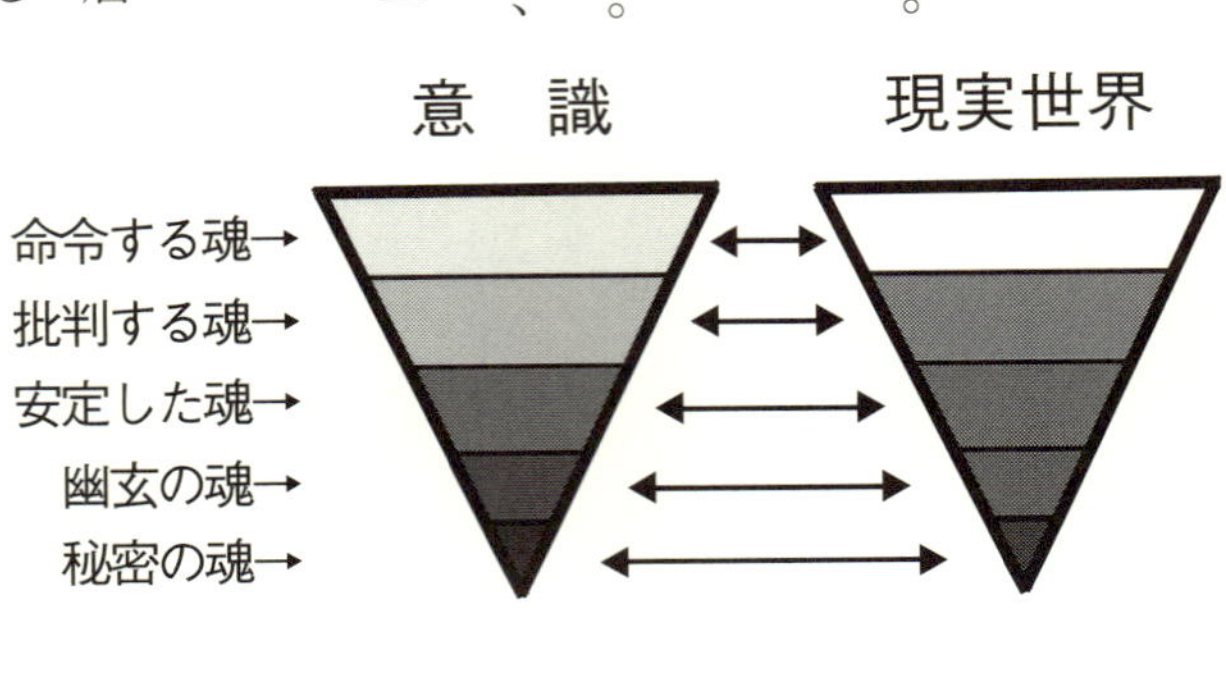

スーフィズムにおいては、私たちが修行を重ね瞑想を深めることで、この意識の層を上から下へ降りることができ、それに伴ってより深く、より

素晴らしい次元の実在が感得される、と考える。そして、牧野氏によると、意識の底の深奥部においては「修行者の自我意識は完全に消滅し、それまで彼の人間存在の中心をなしてきた〝われ〟の意識は消え去って無に帰してしまう」。そして、「われが消えてしまうのであるから、世界もない。絶対の無である(73)」のである。

牧野氏はこの時、スーフィーの口を通して神自身が語る、という。この状態で語られた有名な言葉の一つが、ハッラージによる「我は真理なり」だ。ところが、この時代にあっては、スンニ派の法学者がこれを神への冒涜と見なしたため、ハッラージは磔《はりつけ》にされてしまった。牧野氏は、この心境を「絶対無の自覚」と呼び、それは「神我」の自覚だという。アーンスト教授が紹介している「スーフィーらの標準的説明」によると、これは「一種の恍惚境《こうこつきょう》において個人の自我意識が崩壊することにより、ここでは本当に神が語りだす(74)」のである。こういう心境が、生長の家でいう「神の子の自覚」と同一であるかどうか、私にはわからない。しかし、この二つは大いに似ていると言えそうである。

生長の家との類似点

ここまでの議論でわかったイスラームと生長の家の類似点を確認しよう。それは三つあった。第一点は、アブラハムを起源とする三つの一神教——ユダヤ教、キリスト教、イスラーム——が本来一つであることを、『コーラン』が明確に示していることである。イスラームの法学者の中には、この三つの一神教に加えて、「聖典をもつ」という意味においてゾロアスター教、ヒンズー教、シーク教、そして儒教までも加える人がいる。そうなると、一部のイスラーム信仰者にとって、〝万教〟は事実上、唯一の起源から出たことになる。即ち、彼らも「万教帰一」の考え方をもっていることになる。

第二点は、信仰における理性の問題である。イスラームをめぐる最近の多くの報道は私たちに逆の印象を与えるかもしれないが、イスラームには長い、豊かな理性主義の伝統があることを私たちは確認した。この理性主義は、ギリシャ哲学や中世キリスト教のスコラ哲学にも匹敵する本格的なものだ。そして、私たちは生長の家もまた理性主義的な宗教であることを知っている。

第三点は、もっと具体的な面である。イスラームも生長の家も、本当の存在（実在）は表面的な現象の奥に隠されていると説く。また、スーフィズムにあっては、宗教行と瞑想を深めることによって、人間と神との合一が達成できると考える。スーフィズムでは、「人間は神の子である」と明確には言わないが、人間がこの世で神性を実現することは可能だと考えているようであり、この目標は生長の家と共通している。

私は、生長の家の講習会などで、教義の〝柱〟として、①唯神実相、②唯心所現、③万教帰一、の三つをよく提示する。これまでの検討により、この三つのうち、イスラームは少なくとも二つ――つまり②と③の面で、生長の家と共通していることが分かった。私がいま「少なくとも」と書いた理由は、シーア派の思想とスーフィズムの中には①が含まれている可能性もあるからである。また、穏健派のイスラームにも①が含まれている可能性がある。この点を確認するためには、もっと広く、深い研究が必要である。が、こうしてイスラームと生長の家の類似点を明確にしてみると、両者がその中心的信仰を共有する程度は、「相当である」と言っていいだろう。

最後になるが、インドネシアのイスラームにおける最近の動きについて、高義晴・本部講師が二〇〇七年の国際教修会で発表したことに、ここで触れたい。高講師によると、この国には所謂〝リベラル・イスラーム〟という考え方を支持する人々が、相当数いるという。この考え方は、生長の家の「万教帰一」の教えととても似ているところがある。この〝リベラル・イスラーム〟勢力をネットワークしたジャリガン・イスラーム・リベラル(Jarigan Islam Liberal)という組織の世話人は、ウリル・アブシャール・アブダラ氏(Ulil

Abshar-Abdalla）である。この人が二〇〇二年に書いた文章[75]の一部を、次に掲げよう。そこには驚くほど大胆な表現が見られるのである：

> 私はさらにこう言いたい。すべての善い、積極的な価値は、それがどんなものであれ、真実の意味においてイスラーム的価値である。イスラーム（中略）とは〝一般的な価値〟であり、キリスト教にも、仏教にも、儒教にも、ユダヤ教にも、道教にも、地方の土着宗教や信仰にも、どこにでも見出すことができる。マルクス主義哲学にさえ、〝イスラーム的〟真理が存在するかもしれないのである。

マルクス主義が世界の大宗教と基本的価値を共有するかどうか、私はよく知らない。しかし、ここで言わんとしていることは明らかだ。イスラームとは、世の中の多くの人々が感じているように排他的で、狭量な宗教ではないのだ。急速にグローバル化が進むこの世界で、イスラーム信仰者の数も急速に増大している今、このことができるだけ多くの人々に、確実に伝わるよう私たちは努力しなければならない。と同時に、生長の家の万教帰一の教えをさらに広く伝えることで、この地球社会に原理主義的ものの考え方と視点とを根付かせないことが、今より重要な時期はないのである。私たちは、それぞれに宿る内部神性を明らかに自覚することで、きっとこの運動を成功させることができるのである。

註（第二部）

（1）北アフリカから中央アジアまでを支配した強大なイスラーム王朝で、前王朝のアラブ至上主義は影を潜め、異民族の改宗者が渾然と融合した「イスラーム帝国」が実現した。

（2）イラク共和国のサワート地方、カルバラー州にある古都。アラブ人ムスリムが各地へ征服活動を行った際に建設された軍事都市の一つ。

（3）プロティノスとその流れをくむ思想。プラトンの思想を中心に、新ピタゴラス学派、ストア派、アリストテレスなど古代諸思想を総合する。ネオプラトニズム。

（4）イスラーム勢力が築いた帝国。特にムハンマドの後継者である正統カリフの時代と、ウマイヤ朝、アッバース朝を指す。

（5）井筒俊彦著『イスラーム思想史』（中公文庫、一九九一年）、一九五頁。

（6）前掲書、二六四頁。

（7）前掲書、二七二頁。

（8）前掲書、二七三頁。

（9）同頁。

（10）前掲書、一八頁。

（11）前掲書、二〇頁。

（12）前掲書、二四頁。

（13）前掲書、二五頁。

（14）小杉泰著『イスラームとは何か』（講談社現代新書、一九九四年）、一八〇〜一八一頁。

(15) 中村廣治郎著『イスラム教入門』(岩波新書、一九九八年)、五六頁。
(16) 第一部の註(23)参照。
(17)『イスラーム思想史』、五四頁。
(18) イスラム教徒が信ずべき六箇条。①唯一絶対の神、②歴代の預言者、③啓典、④天使、⑤来世、⑥定命(運命)。また守るべき行為として「五行」、①信仰告白、②礼拝、③喜捨、④断食、⑤聖地巡礼、がある。
(19)『イスラーム思想史』、五四頁。
(20)『イスラームとは何か』、一八七頁。
(21) 前掲書、一八八頁。
(22)『イスラーム思想史』、八三頁。
(23) 前掲書、一三四頁。
(24) 前掲書、一三五頁。
(25) 前掲書、一四三頁。
(26) 前掲書、一四四頁。
(27) 前掲書、一四五頁。
(28) 前掲書、一五七頁。
(29) Khaled Abou El Fadl, *And God Knows The Soldiers: The Authoritative and Authoritarian in Islamic Discourses*, (Lanham: University Press of America, 2001).
(30)『イスラームとは何か』、一八八頁。

(31)井筒俊彦著『イスラーム文化』(岩波文庫、一九九一年)、四八頁。
(32)井筒俊彦訳『コーラン』下巻、一三八頁。
(33)小川忠著『テロと救済の原理主義』(新潮社、二〇〇七年)、六四頁。
(34)前掲書、七一頁。
(35)谷口雅宣著『小閑雑感 Part 4』、二八頁。
(36)二〇〇五年三月二十四〜三十日、東京・高輪プリンスホテルで開催された「国際宗教学宗教史会議」(ＩＡＨＲ)の第十九回世界大会(日本学術会議、日本宗教学会主催)。
(37)二〇〇八年七月十二〜十三日、東京・調布市の生長の家本部練成道場で開催。テーマは「イスラームの寛容性を学ぶ」。
(38)カリード・アブ・エルファドル著／米谷敬一訳『イスラームへの誤解を超えて――世界の平和と融和のために』(日本教文社、二〇〇八年)、一四頁。
(39)前掲書、一五頁。
(40)Muhammad Anwar Al-Sadat,(一九一八〜一九八一年)。エジプトの大統領(在任一九七〇〜一九八一年)。
(41)『イスラームへの誤解を超えて』、四〇頁。
(42)前掲書、一七三頁。
(43)前掲書、五一頁。
(44)前掲書、五一〜五二頁。
(45)前掲書、六六〜六七頁。

(46) 前掲書、六九頁。
(47) 前掲書、三八～四二頁。
(48) 小杉泰著『イスラーム帝国のジハード』(講談社、二〇〇六年)、二九四～三〇八頁。
(49) 前掲書、三〇〇頁。
(50) 前掲書、三〇八頁。
(51) 前掲書、三二九頁。
(52) 二〇〇五年七月五日～六日、東京・渋谷の国立オリンピック記念青少年総合センターで開催。テーマは「宗教多元主義の系譜」と「神と仏の変遷」の二つ。
(53) 谷口雅宣監修『平和の先人に学ぶ』(生長の家、二〇〇五年)、一九〇頁。
(54)『イスラームへの誤解を超えて』、二四四頁。
(55) 前掲書、二四五頁。
(56) 前掲書、二四六頁。
(57) 二〇〇四年七月三十一日～八月一日、ブラジルサンパウロ市で開催。テーマは「原理主義を超えて」と「平和研究」。
(58) Masanobu Taniguchi, *Realizing Peace by Faith*, (Tokyo: Seicho-No-Ie International Headquarters, 2003).
(59) Masanobu Taniguchi, *Caminho da Paz pela Fe*, (Tokyo: Seicho-No-Ie International Headquarters, 2004).
(60) 二〇〇八年に日本教文社より『イスラームへの誤解を超えて』と題した翻訳本が出版。

（61）*The Great Theft*, p. 115.
（62）『イスラム教入門』、七八頁。
（63）『イスラーム思想史』、二六四頁。
（64）前掲書、二七二頁。
（65）前掲書、二七三頁。
（66）*The Great Theft*, p. 31.
（67）牧野信也著『イスラームとコーラン』（講談社学術文庫、一九八七年）、二七頁。
（68）前掲書、二八頁。
（69）前掲書、五四頁。
（70）前掲書、五七頁。
（71）牧野信也著『イスラームの根源をさぐる——現実世界のより深い理解のために』（中央公論新社、二〇〇五年）、一〇一頁。
（72）前掲書、一八七頁。
（73）前掲書、一九一頁。
（74）Carl W. Ernst, *The Shambhala Guide to Sufism*, (Boston: Shambhala, 1997).
（75）Ulil Abshar-Abdalla, "Freshening Up Our Understanding of Islam", 18 November 2002, http://islamlib.com/en/article/freshening-up-our-understanding-of-islam/

【参考文献】

○井筒俊彦著『イスラーム思想史』（中公文庫、一九九一年）
○井筒俊彦著『イスラーム文化――その根柢にあるもの』（岩波文庫、一九九一年）
○井筒俊彦訳『コーラン』上巻（岩波文庫、一九六四年）
○カリード・アブ・エルファドル著『イスラームへの誤解を超えて――世界の平和と融和のために』（日本教文社、二〇〇八年）
○小川忠著『テロと救済の原理主義』（新潮社、二〇〇七年）
○小川忠著『原理主義とは何か――アメリカ、中東から日本まで』（講談社、二〇〇三年）
○カトリック中央協議会、司教協議会秘書室研究企画訳「教皇ベネディクト十六世のレーゲンスブルク大学での講演」（二〇〇六年九月十二日）http://www.cbcj.catholic.jp/jpn/feuture/benedict.xvi/vene_message143.htm
○小杉泰著『イスラーム帝国のジハード』（講談社、二〇〇六年）
○小杉泰著『イスラームとは何か』（講談社現代新書、一九九四年）
○谷口雅春著『生命の實相』頭注版第11巻萬教帰一篇上（日本教文社、一九六三年）
○中村廣治郎著『イスラム教入門』（岩波新書、一九九八年）
○藤原和彦著『イスラム過激原理主義――なぜテロに走るのか』（中公新書、二〇〇一年）
○保坂修司著『正体――オサマ・ビンラディンの半生と聖戦』（朝日新聞社、二〇〇一年）
○牧野信也著『イスラームとコーラン』（講談社学術文庫、一九八七年）

○ 牧野信也著『イスラームの根源をさぐる――現実世界のより深い理解のために』（中央公論新社、二〇〇五年）

○ "Ahmadiyya Muslim Community", http://www.alislam.org/introduction/

○ Carl W. Ernst, *The Shambhala Guide to Sufism*, (Boston: Shambhala, 1997).

○ *Foreign Affairs*, (New York: Council of Foreign Relations), www.foreignaffairs.org

○ http://en.wikipedia.org/wiki/Ahmadiyah

○ Khaled Abou El Fadl, *The Great Theft: Wrestling Islam from The Extremists*, (New York: HarperColins, 2005).

○ Khaled Abou El Fadl, *The Place of Tolerance in Islam*, (Boston, Beacon Press, 2002).

○ Khaled Abou El Fadl, *And God Knows The Soldiers: The Authoritative and Authoritarian in Islamic Discourses,* (Lanham: University Press of America, 2001).

○ *The Oxford Companion to Philosophy*, (New York: Oxford University Press, 1995).

○ Ulil Abshar-Abdalla, "Freshening Up Our Understanding of Islam," 18 November 2002, http://islamlib.com/en/article/freshening-up-our-understanding-of-islam/

【初出一覧】（いずれもブログ「小閑雑感」への掲載日）

ロンドンのテロ　二〇〇五年七月十二日、十四日、二十日、八月三日、二〇〇六年五月十二日
信仰と風刺　二〇〇六年二月四日、六日、二十五日
イスラームにヴァチカンはない　二〇〇六年三月二十七日
イスラームはどうなっている？　二〇〇六年八月十一～十三日、八月十五～十七日
イスラームを悪魔化してはならない　二〇〇六年九月四日
映画『ユナイテッド93』　二〇〇六年九月六日
ローマ法王の失言　二〇〇六年九月十六日、十八日、二十四日
聖者の生首　二〇〇六年九月二十八日、三十日
気がかりなブッシュ演説　二〇〇七年一月十二日
ブレア首相の論文を読む　二〇〇七年一月十四～十五日
「テロとの戦争」をやめよう　二〇〇七年二月十日
核の自爆攻撃をどう防ぐ？　二〇〇七年五月十二～十三日
スーフィズムについて　二〇〇五年八月二十四～二十五日、八月三十日、九月六日、八日、十七日
イスラームの理性主義　二〇〇六年九月二十五日、二〇〇七年六月十九～二十一日、二十三日、二十五日
権威と権威主義　二〇〇八年五月二十三日、二十六～二十七日
イスラーム法と理性　二〇〇八年六月二～四日
イスラームにおける多様と寛容　二〇〇七年七月十～十一日、七月十七日、十九日

イスラームの多様性　二〇〇八年六月六日、八日、十一日
現代のイスラーム理解のために　二〇〇八年七月十三～十八日、二十一～二十二日、二十四日
イスラームと生長の家　二〇〇七年八月十二～十八日、二十日

衝撃《しょうげき》から理解《りかい》へ
イスラームとの接点をさぐる

2008年11月15日　初版第1刷発行

著　者　谷口雅宣《たにぐちまさのぶ》
発行者　磯部和男
発行所　宗教法人「生長の家」
東京都渋谷区神宮前1丁目23番30号
電　話（03）3401-0131　http://www.jp.seicho-no-ie.org/
発売元　株式会社　日本教文社
東京都港区赤坂9丁目6番44号
電　話（03）3401-9111
ＦＡＸ（03）3401-9139
頒布所　財団法人　世界聖典普及協会
東京都港区赤坂9丁目6番33号
電　話（03）3403-1501
ＦＡＸ（03）3403-8439
印刷・製本　東洋経済印刷

本書の益金の一部は森林の再生を目的とした活動に寄付されます。
本書（本文）の紙は循環型の植林木を原料とし、漂白に塩素を使わないエコパルプ100%で作られています。

落丁・乱丁本はお取替えします。
定価はカバーに表示してあります。

ISBN978-4-531-05904-1